社会学·政治学·文化学·教育学·民族学·历史学

陈序经全集

叶显恩 主编
王春煜 刘集林 副主编

第十四卷 珠崖篇 往来书信 年谱简编 照片选辑

中山大学出版社
·广州·

版权所有　翻印必究

图书在版编目（CIP）数据

陈序经全集/陈序经著；叶显恩主编；王春煜，刘集林副主编. 广州：中山大学出版社，2025.3. --ISBN 978-7-306-08274-9

Ⅰ.Z427

中国国家版本馆CIP数据核字第2024GE9169号

CHEN XUJING QUANJI: DI-SHISI JUAN

| 出 版 人：王天琪
| 总 策 划：王天琪
| 项目统筹：嵇春霞　王延红
| 责任编辑：徐诗荣　管陈欣
| 封面设计：雅昌文化（集团）有限公司　曾斌　周美玲
| 责任校对：邓诗漫
| 责任技编：靳晓虹
| 出版发行：中山大学出版社
| 电　　话：编辑部 020-84111901，84110283，84111997，84110779
| 　　　　　发行部 020-84111998，84111981，84111160
| 地　　址：广州市新港西路135号
| 邮　　编：510275　　传　　真：020-84036565
| 网　　址：http://www.zsup.com.cn　E-mail：zdcbs@mail.sysu.edu.cn
| 印　　厂：恒美印务（广州）有限公司
| 规　　格：787mm×1092mm　1/16
| 总 印 张：433
| 总 字 数：8718千字
| 版次印次：2025年3月第1版　2025年3月第1次印刷
| 定　　价：1980.00元（全十四卷）

如发现本书因印装质量影响阅读，请与出版社发行部联系调换

凡　例

　　一、编排方式。《全集》总体上兼顾著述发表时间先后与研究领域的区别。第一卷以时间为序收录了陈序经的论文、时论、书评等，其中论文已收入其他卷者，原则上只存目；同题异文者，则均予以收录。第二卷至第十三卷收录了陈序经在不同研究领域的论文或专著。第十四卷收录了陈序经的遗稿《珠崖篇》，整理了其年谱、往来书信、照片等相关资料。底稿为直排繁体者，一律改横排简体，内容列举、引用位置指向用词，如"如左"径改为"如下"等。

　　二、底本来源。《全集》所收文献中有大量未曾整理的手稿、抄稿，其版本源流、底本选择等情况，皆写入"本卷说明"中。

　　三、引文说明。《全集》所引古籍或他人著述，有漏字、错字等现象者，一般参照现今中华书局、上海古籍出版社等相应版本径改，不另说明；引用古籍或他人著述时只取其大意，与原文不尽一致，凡此，照录，不予修改；手稿或抄稿中引用本人已发表文章，但内容与已发表的原文不尽一致，凡此，亦依手稿或抄稿。

　　四、校订符号。原稿中有漏字者，在〈　〉内补之。原稿中的错讹字，在其后〔　〕内补正。原稿中的衍字，用［　］标示。原稿中漫漶不清、难以识别或残缺的字，用□表示；字数难以确定者，用▨表示。原稿中的小字夹注，置于（　）内，字体、字号同正文。外文书名、刊名用斜体。

　　五、历史用语。《全集》保留作者文字风格及语言习惯，不按现行用法改动原文。历史时期若干字词表达与今有异，但不影响理解，为存当时之真，不改。如智识（知识）分子、澎涨（膨胀）、计画（计划）、瞭解（了解）、那（哪）、澈底（彻底）、那末（那么）、原故（缘故）等。凡行文中对少数民族的蔑称，根据国家相关民族政策一律改为规范称呼，如"猺"改为"瑶"、"獠"改为"僚"、"猓猡"改为"倮倮"等。

六、外文名词。译名不统一或与现今不一致,如拿破伦/拿破仑、哥仑布/哥伦布、菲洲/非洲等,均不改。外文人名、地名书写有误者,一般径改。外文专有名词在原稿中大小写掺杂,按现今规范格式统一。

七、内文标点。原稿正文无标点或仅有简单断句者,一律按照中华人民共和国国家标准《标点符号用法》(GB/T 15834—2011)予以修改。专名号从略。

八、文字规范。《全集》中的简体字以 2013 年 6 月国务院公布之《通用规范汉字表》为准。通假字,不改。繁体字、异体字,改为规范字;但专有名词中的繁体字、异体字等,依从其使用惯例,不改。作者笔误、排印舛误等明显错误,径改。

其余未规定事项,一般遵从作者原稿。

本卷说明

  本卷收录了陈序经先生为故乡所写的著作《珠崖篇》（完成于1966年春），以及"往来书信""年谱简编""照片选辑"。其中，《珠崖篇》由刘集林据陈云仙教授提供的代抄稿点校整理；"往来书信"由陈平殿、刘集林编；"年谱简编"由刘集林、田彤、陈平殿编；"照片选辑"由刘集林、王延红、管陈欣编。照片由陈序经先生的家人提供，特此鸣谢。

本卷目录

珠崖篇——忆乡随笔 …………………………………………… 1

往来书信 …………………………………………………………… 47

年谱简编 …………………………………………………………… 93

照片选辑 …………………………………………………………… 157

后　　记 …………………………………………………………… 219

珠崖篇

忆乡随笔

目　录

第一篇　名称与历史 …………………………………………………… 5
第二篇　地理与物产 …………………………………………………… 16
第三篇　人民及其他 …………………………………………………… 26
第四篇　海南的侨胞 …………………………………………………… 36

第一篇　名称与历史

珠崖有时写作"珠厓",也有时写作"朱崖",这个名词最早见于班固《汉书》卷六《武帝纪》元鼎六年(公元前一一一年)中说:

> 上便令征西南夷,平之,遂定越地,以为南海、苍梧、郁林、合浦、交阯、九真、日南、珠厓、儋耳郡。

现在的海南岛包括了这里所说的珠厓与儋耳两个郡,但儋耳郡后来又并入珠厓,故"珠厓"这个名词较为普遍。在汉武帝之后不久,人们已通称这个岛为珠厓,比方在汉元帝(公元前四八至〈前〉三三年)的初年,贾捐之建议弃珠厓,就是指着整个海南岛。

为什么叫做珠厓与儋耳呢?

唐朝的颜师古注《汉书》引应劭说:

> 二郡在大海中崖岸之边,出真珠,故曰珠厓。

又说:

> 儋耳者,种大耳。渠率自谓王者耳尤缓,下肩三寸。

颜师古又引张晏说:

> 《异物志》:"二郡在海中,东西千里,南北五百里。珠厓言珠若崖矣,儋耳之云,镂其颊皮,上连耳匡,分为数支,状似鸡肠,累耳下垂。"

宋周去非对于儋耳的解释另有所见,他在其《岭外代答》卷十"儋耳"条说:

> 儋耳,今昌化军也,自昔为其人耳长至肩,故有此号。今昌化曷尝有大耳儿哉?盖南蕃及黎,人人慕佛相好,故作大环以坠其耳,俾下垂至肩,实无益于耳之长,其窍乃大寸许。

儋耳也有写作"襜耳"的,晋常璩在其《华阳国志·南中志》"哀牢"条所说的"襜耳"似乎就是儋耳。又《后汉书》卷一百十六①《南蛮西南夷传》"哀牢"条却说:

> 哀牢人皆穿鼻儋耳。

---

① 编注:经核查为《后汉书》卷八十六。

那么儋耳不只是海南岛的儋郡有此风俗,云南古代永昌一带也有此风了。

珠崖后来也叫做琼崖,海南岛在唐代曾置琼州,治琼山县。《九域志》说:"琼山县有琼山,山在琼山县南六十里。"所以有人说琼州或琼山县是因琼山而得名。琼,美玉也,珠玉并称,杜甫诗所谓"诗成珠玉在挥毫",因而又称为琼岛。

在唐代,珠崖也称为振州,但应该指出,振州只是当时的海南岛的一个州。唐置五个州于岛上,一为崖州,一为琼州,一为振州,一为儋州,一为万安州。振州本为临振郡,又称宁远郡,后来的吉阳军就在这个州。唐时振州之于海外交通似颇频繁,故外人有称振州为珠崖。

"海南"这个名称,可能始于唐代或唐之前,这是全岛的总名。其所以这样称呼,是因为这个岛是在海之南——这就是琼州海峡之南,因而得名。《汉书》卷廿八下《地理志》说:

> 自合浦、徐闻南入海,得大州东西南北千里。

这个大州就是海南岛。所谓"南入海者",也就是在海之南,故曰海南。

到了宋代,"海南"这个名词已经通用,周去非在其《岭外代答》卷二"海外黎蛮"条说:

> 海南有黎母山,内为生黎,去州县远,不供赋役。外为熟黎,耕省地,供赋役……

到了宋末元初,赵汝适在其《诸蕃志》卷下"海南"条说得更为清楚。他说:"海南,汉朱崖、儋耳也。"他接着说:

> 武帝平南越,遣使自徐闻渡海略地,置朱崖、儋耳二郡。昭帝省儋耳并为朱崖郡。元帝从贾捐之议,罢朱崖。至梁、隋复置。唐贞观元年,拆为崖、儋、振三州,隶岭南道。五年,分崖之琼山,置郡,升万安县为州,今万安军是也。儋、振则今之吉阳、昌化军是也。贞元五年以琼为督府,今因之。

上面是简略的把有关珠崖或海南岛的几个名称加以解释。我们现在可以谈谈这个岛的历史。

关于珠崖的最早的记载,我们上面已经指出是班固的《汉书》。司马迁在其《史记》卷一百十三《南越尉佗列传》中说,"南越已平矣,遂为九郡"。但是九郡的名称并没有列举出来。裴骃在其《史记集解》中引徐广说,九郡的名称中有珠崖与儋耳,但正像司马贞在其《史记索隐》中所指出,"徐广皆据《汉书》为说"。

班固《汉书》之说到珠崖、儋耳的有好几处。《汉书》卷六《武帝纪》元鼎五年(公元前一一二年)中说:

> 夏四月，南越王相吕嘉反，杀汉使者及其王、王太后，上遣伏波将军路博德出桂阳，下湟水；楼船将军杨仆出豫章，下浈水；归义越侯严为戈船将军，出零陵，下离水；甲为下濑将军，下苍梧，皆将罪人，江淮以南楼船十万人，越驰义侯遗别将巴蜀罪人，发夜郎兵，下牂柯江，咸会番禺。

同处元鼎六年（公元前一一一年）中说：

> ……闻南越破，至汲新中乡，得吕嘉首，以为获嘉县。驰义侯遗兵未及下，上便令征西南夷，平之。遂定越地，以为南海、苍梧、郁林、合浦、交阯、九真、日南、珠崖、儋耳郡。

关于汉武帝征伐南越的原因及其征服的经过，《汉书》卷九十五《西南夷两粤朝鲜传》"南粤王赵佗"条说得很为详细，我们要特别加以注意的是下面一段：

> 南粤已平。遂以其地为儋耳、珠崖、南海、苍梧、郁林、合浦、交阯、九真、日南九郡。

关于当时的珠崖、儋耳的情况，《汉书》卷二十八下《地理志》中告诉我们道：

> 自合浦、徐闻南入海，得大州，东西南北方千里，武帝元封元年（公元前一一〇年）略以为儋耳、珠崖郡。民皆服布如单被，穿中央为贯头。男子耕农，种禾稻、纻麻，女子桑蚕织绩，亡马与虎，民有五畜，山多麈麖，兵则矛盾刀木弓弩竹矢，或骨为镞。自初为郡县，吏卒中国人多侵陵之，故率数岁一反，元帝时，遂罢弃之。

同处还指出珠崖的风俗是与东南亚以至印度一些国家相同：

> 自日南障塞，徐闻、合浦船行可五月，有都元国；又船行可四月，有邑卢没国；又船行可二十余日，有谌离国；步行可十余日，有夫甘都卢国。自夫甘都卢国船行可二月余，有黄支国，民俗略与珠崖相类。

近代有人以为黄支在印度的东南岸，是否属实难于考订。

历代各书皆以为珠崖之列为郡县，是在元封元年，但根据《汉书·武帝纪》，应该是在元鼎六年。又历代学者多以为珠崖之入版图，是在元封元年或元鼎六年，但我们应该把归入版图与列为郡县分开来说，似乎不能混而为一。我们知道，秦始皇三十三年曾把这一带地方列入版图，《史记·秦始皇本纪》三十三年中说：

> 发诸尝逋亡人、赘婿、贾人略取陆梁地，为桂林、象郡、南海，以适遣戍。

大致上桂林是现在的广西，象郡是现在越南的北圻与中圻，南海是现在的广东。珠崖虽孤悬海中，然距雷州半岛不过数十里，从其西岸至越南东岸也差不多一日帆。假如说广东、广西、越南的大部分都征服了，而珠崖还不归入中国版图，很难想象。

又，秦汉之际，越王赵佗称帝，其统治地方东至福建，南至于海以及越南的大部分，西至广西，北至湖南边境。珠崖靠近徐闻、合浦以至日南，而徐闻、合浦与日南又为当时中国出海而到东南亚各处的港口，从徐闻、合浦之到南海者，要依珠崖海岸航行，珠崖若不为越王赵佗或汉所控制，更难想象。

又，珠崖之所以得名，既因其出真珠。据《淮南子·人间训》说，秦始王之所以征伐南海等处的原因是利越之犀角、象齿、翡翠、珠玑。《汉书·地理志》也说，番禺之所以成为都会，也是因为〈它是〉这些物产所凑会的地方。那么，以出真珠著名的珠崖，不为秦汉或越王赵佗所统治，也是更难想象。

总而言之，自秦征服广东、广西与越南一带以后，珠崖与这一带的其他地方已入了中国的版图，到了汉武帝的时候，始列为郡县，分为珠崖、儋耳两个郡，前者在东部，而后者在西部。据《汉书》卷六十四下《贾捐之传》说：

> 初，武帝征南越，元封元年立儋耳、珠崖郡，皆在南方海中洲居，广袤可千里，合十六县，户二万三千余。

这二个郡的十六个县的名称现在无法考订出来，其户既有二万三千余，以每户五人至六人计算，约有人口十二万至十四万。又据上面所抄录的《汉书·地理志》说"民皆服布如单被""女子桑蚕织绩"，说明当时珠崖的文化相当高。我们知道，公元前后一世纪的时候，在越南西南的扶南女王柳叶还没有穿衣服，而在公元前二世纪的时代，珠崖人民已能织绩而服布，说明这个地方的文化是高于当时东南亚的好多国家。

又，其衣服是"穿中央为贯头"，这是后来好多东南亚的人民所穿的衣服，中国古书谓为"干缦"，而当地人称为"沙龙"，用一幅布缝其两端，穿时可以从头而下（当然也可以从脚而上）。

此外，铁器当为这个地方的人民所采用（南越王赵佗在吕后时侵略长沙，就是因为汉朝禁止运铁到南越，也说明铁之传入这一带历史很久），所以农具、武器、刀都是用铁制造。

关于珠崖与儋耳列为郡县以后的情况，《贾捐之传》说：

> 其民暴恶，自以阻绝，数犯吏禁，吏亦酷之，率数年一反，杀吏，汉辄发兵击定之。自初为郡至昭帝始元元年（公元前八六年），二十余年间，凡六反叛。至其五年，罢儋耳郡并属珠崖。至宣帝神爵三年（公元前五九年），珠崖三县复反。反后七年，甘露元年（公元前五三年），九县反，辄

发兵击定之。元帝初元元年（公元前四八年）……诸县更叛，连年不定。上与有司议大发军，捐之建议，以为不当击。上使侍中、驸马都尉、乐昌侯王商诘问捐之曰："珠厓内属为郡久矣，今背畔逆节，而云不当击，长蛮夷之乱，亏先帝功德，经义何以处之？"

贾捐之于是乃发表其弃珠厓的理由，他对元帝说：

> 臣幸得遭明盛之朝，蒙危言之策，无忌讳之患，敢昧死竭卷卷。臣闻尧舜，圣之盛也，禹入圣域而不忧，故孔子称尧曰"大哉"，《韶》曰"尽善"，禹曰"无间"。以三圣之德，地方不过数千里，西被流沙，东渐于海，朔南暨声教，迄于四海，欲与声教则治之，不欲与者不强治也。故君臣歌德，含气之物各得其宜。武丁、成王，殷、周之大仁也，然地东不过江、黄，西不过氐、羌，南不过蛮荆，北不过朔方。是以颂声并作，视听之类咸乐其生，越裳氏重九译而献，此非兵革所能致。及其衰也，南征不还。齐桓捄其难，孔子定其文。以至乎秦，兴兵远攻，贪外虚内，务欲广地，不虑其害，然地南不过闽越，北不过太原，而天下溃畔，祸卒在于二世之末，长城之歌至今未绝。赖圣汉初兴，为百姓请命，平定天下。至孝文皇帝，闵中国未安，偃武行文，则断狱四百，民赋四十，丁男三年而一事。时有献千里马者，诏曰："鸾旗在前，属车在后，吉行日五十里，师行三十里，朕乘千里之马，独先安之？"于是还马，与道里费，而下诏曰："朕不受献也，其令四乐方毋来求献。"当此之时，逸游之乐绝，奇丽之赂塞，郑卫之倡微矣。夫后宫盛色则贤者隐处，佞人用事则诤臣杜口，而文帝不行，故谥为孝文，庙称太宗。至孝武皇帝元狩六年，太仓之粟红腐而不可食，都内之钱贯朽而不可校，乃探平城之事，录冒顿以来数为边害，籍兵厉马，因富民以攘服之。西连诸国至于安息，东碣石以玄菟、乐浪为郡，北却匈奴万里，更起营塞，制南海以为八郡，则天下断狱万数，民赋数百，造盐铁酒榷之利以佐用度，犹不能足。当此之时，寇贼并起，军旅数发，父战死于前，子斗伤于后，女子乘亭鄣，孤儿号于道，老母寡妇饮泣巷哭，遥设虚祭，想魂乎万里之外。淮南王盗写虎符，阴聘名士，关东公孙勇等诈为使者，是皆廓地泰大，征伐不休之故也。今天下独有关东，关东大者独有齐楚，民众久困，连年流离，离其城郭，相枕席于道路，人情莫亲父母，莫乐夫妇，至嫁妻卖子，法不能禁，义不能止，此社稷之忧也。今陛下不忍悃悃之忿，欲驱士众挤之大海之中，快心幽冥之地，非所以救助饥馑保全元元也。《诗》云"蠢尔荆蛮，大邦为雠"，言圣人起则后服，中国衰则先畔，动为国家难，自古而患之久矣，何况乃复其南方万里之蛮乎！……本不足郡县置也。颛颛独居一海之中，雾露气湿，多毒草虫蛇水土之害，人未见虏，战士自死。又非独珠厓有珠犀瑇瑁也，弃之不足惜。不击不损威，其民譬犹鱼鳖，何足贪也。

> 臣窃以往者羌军言之，暴师曾未一年，兵出不逾千里，费四十余万，大司农钱尽，乃以少府禁钱续之。夫一隅为不善，费尚如此，况于劳师远攻，亡士毋功乎！求之往古则不合，施之当今又不便。臣愚以为非冠带之国，《禹贡》所及，《春秋》所治，皆可且无以为，愿遂弃珠厓，专用恤关东为忧。

元帝曾把这件事交给公卿们讨论，御史陈万年主张征伐，可是丞相于定国却：

> 以为前日兴兵击之连年，护军都尉、校尉及丞凡十一人，还者二人，卒士及转输死者万人以上，费用三万万余，尚未能尽降，今关苏困之，民难摇动，捐之议是。

元帝采纳了贾捐之与于定国的意见，他乃下诏说：

> 珠崖虏杀吏民，背畔为逆，今廷议者或言可击，或言可守，或欲弃之，其指各殊。朕日夜惟思议者之言，羞威不行，则欲诛之；狐疑辟难，则守屯田；通于时变，则忧万民。夫万民之饥饿，与远蛮之不可讨，危孰大焉？且宗庙之祭，凶年不备，况乎辟不嫌之辱哉！今关东大困，仓库空虚，无以相赡，又以动兵，非特劳民，凶年随之。其罢珠厓郡。民有慕义欲内属，便处之；不欲，勿强。

这样，设立不久的珠厓郡就罢了。贾捐之是贾谊的孙儿。贾谊在文帝的时代①，因为匈奴侵略中国，贾谊曾一再上书建议去对付匈奴的办法，可是他的主张并不见得受到文帝的赏识。现在他的孙儿的弃珠厓论，却得到元帝的采纳，而且据说他在此后作了好多建议，也得到元帝的赞同。他们二人——祖父与孙儿，都是以尧舜孔子的仁义之道去游说君主，文帝虽称圣主，却"屈贾谊于长沙"，捐之才能未必超于祖父，而弃珠厓论却得元帝的垂青，时代不同，环境各异，有以致之。

应该指出，珠厓当为郡县来说，虽然罢了，可是，中原人民包括一些官吏士卒之留居于这个岛者不见得完全撤退。相反的，我们相信时代愈晚，从大陆之迁居到珠崖的只有愈来愈多。我们上面已经指出，珠崖未列为郡县之前早已受了中国的控制，人民商贾之到这个地方的历史必定更久。而且，自中国与东南亚以至印度洋的海道交通以后，珠崖在中外交通上的地位也愈来愈重要。因为正如上面所说，这是合浦而尤其是徐闻到海外必经的海岸，而珠崖又是出产真珠异物的地方，人民商贾之到这个地方的只有增加，不会减少。我们知道，在汉代，在中国与匈奴战争进行得很厉害的时候，二者仍然不断做交易，而没有停止关市。珠厓孤悬海外，有的东西需要从大陆运进来，而其本地所出产的真珠异物也不少为大

---

① 编注：代抄稿此处空十格。

陆所需要，因而人民间的互相往来、货物的互相交换是不会中断的。所谓罢珠厓者，罢免了郡县的制度，撤退了官吏——很多的贪官污吏，不归中国朝廷的统治而已。

至于贾捐之所说弃珠崖不足惜的论调，也是一种老调。《汉书·南粤王赵佗传》记载文帝给赵佗信说：

> 吏曰，得王之地不足以为大，得王之财不足以为富，服领以南，王自治之。

文帝对于南越尚且如此，元帝与其臣僚对于珠厓一个岛有了这种看法更不足怪。虽则我们也得指出，这种见解不见得为秦始皇与汉武帝所赞同，因为前者贪珠玑、玳瑁的奇物，而后者喜功好大，以为不诛小者难服大者。

珠崖列为郡于武帝元鼎二年（公元前一一五年）或元封元年（公元前一一〇年），而罢于元帝二年（公元前四七年），其列为郡的时间约六十年。罢郡以后，直到三国吴赤乌五年（公元二四二年），在这三百年中，正如我们上面所说，虽然不列为郡县，但人民商贾之到这个岛的应该与日俱增。在后汉时代，史书之记载珠崖者虽不容易找出，但珠崖与其物品之见于志书者也非没有。比方后汉杨孚所著的《异物志》（清曾钊辑）中就有数条，其中一条说：

> 儋耳夷，生则镂其头皮，尾相连，并镂其耳匡为数行，与颊相连，状如鸡腹，下垂肩上。纺绩为业。

又一条说：

> 朱厓有水蛇。

他又述及椰树、槟榔等树木，这是珠厓的特产。杨孚是广州对岸河南岛下渡人，他的《异物志》已佚，曾钊所辑乃从各书摘录而来。他是粤人，对于珠崖听闻可能很多，原著对于珠崖的事物记载可能不止这数条。但从他的记载来看，也说明了尽管珠崖不列为中国单独郡县，而因大陆之于这个岛的人们互相往来，物品互相交易，所以大陆的人们对于岛上的事物仍很熟识。其实，据《旧唐书》卷四十一《地理志》"南海"条说，后汉废珠崖、儋耳入合浦郡，可见得珠崖、儋耳并非完全放弃。

三国时吴孙权对于海外努力经营，对于东南亚或南海各地尤为注意，他曾遣派朱应与康泰出使当时很为富强的扶南国，这就是现在的柬埔寨与越南南圻一带。朱应、康泰可能还到了别的国家，其传闻的国家有数十国。孙权既注意到东南亚好多国家，他对于靠近在雷州半岛之南的珠崖就不能不加以控制，因此在赤乌五年（公元二四二年），据《三国志·吴志》赤乌五年内说：

> 秋七月遣将军聂友、校尉陆凯以兵三万讨珠崖、儋耳。

应该指出，孙权之征伐珠崖，在当时的臣僚中很多都不赞成，陆逊就是一位。《三国志·吴志》卷十三《陆逊传》说：

> 权欲遣偏师取夷州及珠崖，皆以咨逊，逊上疏曰："……将远规夷州，以定大事，臣反复思惟，未见其利。万里袭取，风波难测，民易水土，必致疾疫。今驱见众，经涉不毛，欲益更损，欲利反害。又珠崖绝险，民犹禽兽，得其民不足济事，无其兵不足亏众。"

珠崖的征伐，孙权不止问了一个人，《三国志·吴志》卷十五《全琮传》中也有下面的记载：

> 赤乌九年（公元二四六），迁右大将军……初，权将围珠崖及夷州，皆先问琮，琮曰："以圣朝之威，何向而不克？然殊方异域，隔绝瘴海，水土气毒，自古有之，兵入民出，必生疾病，转相污染，往者惧不能反，所获何可多致？猥亏江岸之兵，以冀万一之利，愚臣犹所不安。"权不听，军行经岁，士众疾疫死者十有八九。

《吴志》没有聂友传，黄佐《广东通志》卷四十四说，聂友是得了诸葛恪的推荐而见用于孙权，并被遣为珠崖太守。《吴志·陆凯传》说，他是陆逊的族子，并且指出：

> 赤乌（公元二三八—二五一年）中除儋耳太守，讨珠崖，斩获有功，迁为建武校尉。

我们知道，吴孙权黄武六年（公元二二七年）或七年（公元二二八年），这就是吕岱平定交阯、进讨九真之后，吕岱已遣从事到扶南、林邑与堂明诸国"南宣国化"。孙权既注重经营海外而尤其是东南亚，他对于与林邑、扶南接近的珠崖就不能不加以控制，作为向南海发展的根据地或跳板。因为从珠崖的西岸一帆顺风的话，一昼夜就可抵达林邑，扶南又与林邑接近而在其南。又据史书记载，赤乌六年（公元二四三年）扶南王范旃曾遣使到吴都贡献。朱应、康泰之到扶南约在公元二四五至二五〇年之间，那么讨伐珠崖、儋耳之于扶南之遣使到中国，以及吴之遣使到扶南，似乎不能没有关系。

《南史》卷七十八《海南诸国·序》中说：

> 海南诸国大抵在交州南及西南大海洲中……汉元鼎中遣伏波将军路博德开百越，置日南郡。其徼外诸国自武帝以来皆朝见〔贡〕，〈后〉汉桓帝世，大秦天竺皆由此道遣使贡献。及吴孙权时，遣宣化，从事朱应、中郎康泰通焉，其所经过及传闻有百数十国，因立记传。晋代通中国者皆〔盖〕鲜，故不载史官。及宋、齐至梁，其奉正朔，修贡职，航海往往至矣。

我们可以说，在中国历史上凡是致力去向海外，而特别是东南亚发展的朝代,对于珠崖一定加以特别的注意,因为船舶之从中国到这个地方者,是出自合浦而尤其是徐闻港口者,必定经过珠崖西南岸驶行。武帝、孙权都是致力经营海外的君主,所以他们对于珠崖都很重视。晋代之于东南亚各国,虽也有往来,但比较的少,因而当时对于珠崖就不重视,所以《晋书》卷十五《地理志下》中说:

> 平吴后,省珠崖入合浦。

南北朝时代的南朝,尤其是宋、齐、梁、隋的时代,东南亚使者之来中国者史不绝书,我们相信,在海道交通上居于重要地位的珠崖也必为朝廷所注意。宋周去非在其《岭外代答》卷一"琼州兼广西路安抚都监"条说"梁复置崖州",也说明这一点。在隋代不只征服林邑列为郡县,而且遣常骏等出使远到马来半岛中部的赤土以及其他的国家。当时的珠崖,据《隋书》卷三十一《地理志》说统十个县,这就是义伦(注:带郡)、感恩、颜卢、毗善、昌化、吉安、延德、宁远、澄迈与武德。又当时的珠崖的户共有一万九千五百,这个数目字比之汉代的户还少了三千五百户。

值得我们注意的是隋的义伦。义伦是一个县,也是崖州郡所在的地方。《旧唐书》卷四十一《地理志》说,义伦本汉儋耳郡城,这个地方应该是现在的儋州。儋州在合浦、徐闻之南,从徐闻、合浦出口的船舶向南走,就是儋县与临高一带。从这里再往西南行,就是交趾、九真、日南,以至林邑或后来的占城。

上面已经指出,在汉代未列珠崖为郡县之前,中原人民已有不少移入,列为郡县之后来者更多。尽管郡县罢免,也不是说从大陆之移入者因而中止,相反的,时代愈晚,海道交通愈为频繁,而来者也必愈多。孙权遣三万人讨伐珠崖,又列为郡县,士卒官吏之居此地者不可胜数,而其眷属、贾人以至罪人、亡命之徒之到这个地方的更为不少。到了五胡乱华南北朝时代,中原人之南迁者更多,其中也有不少迁到珠崖。

到了唐代,尽管像李德裕在其诗中说"一去一万里,千之千不还。崖州在何处,生度鬼门关",可是这时候的珠崖,不只从大陆来的人比之前代为多,而且经过好几百年。已经迁到这个地方的人们子子孙孙世世生息,其人口也必增加,而中原文化在这个岛上也逐渐的发展起来,《旧唐书》卷四十一《地理志》用了不少的篇幅去叙述这个岛的郡县的沿革。当时曾把这个岛分为五个州,据《新唐书》记载,分述于下:

(一)崖州。珠崖郡下,土贡金、银、珠、玳瑁、高良姜,户八百一十九,县三:舍城、澄迈、文昌。

(二)琼州。琼山郡下都督府,贞观五年(公元六三一年)以崖州之琼山置,自乾封(公元六六六—六六八年)后设山洞蛮,贞元五年(公元七八九年）岭南节度使李复讨，复之。土贡金，户六百四十九，县五：琼山、临高、曾口、乐会、颜罗。

（三）振州。延德郡下，本临振郡，又曰宁远郡，天宝元年（公元七四二年）更名。土贡金、五色藤盘，班布食单，户八百一十九，口二千八百二十一，县五：宁远、延德、吉阳、临川、落屯。

（四）儋州。昌化郡下，本儋耳郡，隋珠崖郡治，天宝元年更名。土贡金、糖香，户三千三百九，县五：义伦、昌化、感恩、洛场、富罗。

（五）万安州。万安郡下，龙朔二年（公元六六二年）以崖州之万安置，开元九年（公元七二一年）徙治陵水，至德二载（公元七五七年）更名万全郡，贞元元年（公元七八五年）复治万全，后复故名，土贡金、银，户二千九百九十七，县四：万安、陵水、富云、博辽。

唐代把这个岛分为五州，也说明了这个时候的珠崖很为重要，故多设州以治理，但更为重要的是，唐代与东南亚的海上交通比之前代更为繁盛。这个岛之于越南半岛以至马来半岛都有关系。《旧唐书》卷四十一《地理志》"丹丹"条说，"丹丹为振州东南海中之一州，舟行十日至"，应该是说明从振州有船舶至丹丹，丹丹是在马来半岛的北部。

宋代的珠崖分为军，军下有县。如琼州军有琼山、澄迈、文昌、临高、乐会诸县，南宁军有宜伦（按：隋为义伦）、昌化、感恩诸县，万安军有万宁、陵水诸县，吉阳军有宁远、吉阳诸县。宋代的国库收入依靠于海外贸易的赋税很多，故宋代之与东南亚各国交通至为繁盛，珠崖之于这个地区的关系也很为密切。比方在越南中圻的占城（按：为古代的林邑，唐代的环王）之于这个岛关系尤为密切，《宋史》卷四百八十九"占城"条说：

> 儋州上言，占城人蒲罗遏为交州所逼，率其众百口来附（按：这是雍熙三年公元九八六年的事情）。

又同书说：

> 乾道七年（公元一一七一年），闽人有浮海之吉阳军者，风泊其舟，抵占城。其国方与真腊战，皆乘大象，胜负不能决。闽人教其王当习骑以胜之，王大悦，具舟送之吉阳，市得马数十匹归，战大胜。明年（一一七二年），复来琼州，拒之，愤怒，大掠而归。

据说为了这件事情，宋的朝廷于淳熙二年（公元一一七五）曾下令"严马禁，不得售外蕃"。

元朝把这个岛分为四军十三县：乾宁军民安抚司领七个县，这就是琼山、澄迈、临高、文昌、乐会、会同、定安；南宁军领三个县，这就是宜伦、昌化、感恩；万安军领二个县，这就是万安、陵水；吉阳军领一个县，这就是宁远。

明代把这个岛改为琼州府，《明史》卷四十五《地理志》说：

> 洪武元年（公元一三六八年）十月，改为琼州府，二年降为州，三年仍升为府，领州三县十……琼山、澄迈、临高、定安、文昌、会同、乐会。儋州，洪武元年十月改为儋州属府，正统四年（公元一四三六年）六月以州治宜伦县，省入……领县一：昌化；万州，洪武元年十月改为万州属府，正统四年六月以州治万安县，省入……领县一：陵水；崖州，洪武元年十月改为崖州属府，正统四年六月以州治宁远县，省入……领县一：感恩。

清代仍依明制设琼州府，民国初年改为道，领十三县：琼山、澄迈、定安、文昌、琼东、乐会、临高、儋、崖、万宁、陵水、感恩、昌江，后来又废道，有一个时期还有改为省的创议。因为这个岛孤悬海外，在地理上有特殊的地位，又因位在我国最南，东南亚各地的物产均可移殖于岛，政府对于这个岛特别加以注意。民国七、八年间，在广东省的军政府曾派专人去调查岛上的交通、物产，印行报告书。此后国人对于本岛更加重视，所以有"宝岛"之称。

第二篇　地理与物产

除了近代而尤其是最近四五十年来，珠崖或海南岛在历史上很少被人重视。在上面一章里我们已经指出，汉武帝把珠崖列为郡县不到七十年，元帝就采纳贾捐之的弃珠崖的建议，差不多三百年后的孙权在争取珠崖时也为群臣所反对，此后珠崖虽不断列为郡县，但在中原人看起来，这个海南之岛只是罪人与被贬者所居之地。唐李德裕谪居在崖州时的情绪可以代表这种看法，他的这种情绪可以在下面数首诗中说明。

在《贬崖州司户道中》，他有一首五言绝诗云：

> 一去一万里，千之千不还。
> 崖州在何处，生度鬼门关。

在同一题目的七言律诗云：

> 岭水争分路转迷，桄榔椰叶暗蛮溪。
> 愁冲秋雾毒蛇草，畏落沙虫避燕泥。
> 五月畲田收火米，三更津吏报潮鸡。
> 不堪肠断思乡处，江槿花中越鸟啼。

又在《望阙亭》的七言绝诗说：

> 独上高楼望帝京，鸟飞犹是半年程。
> 江山只恐人归去，百匝千回绕郡城。

海南之远，鸟飞也要半年的时间始能抵达，而海南者是生度鬼门关，海南岛简直就是鬼域了。

到了宋代，中原人士之南迁于海南岛者已经很多，而自汉以后之迁到这个地方的生子养孙，世代繁殖，为数更多。苏东坡在《伏波庙记》中说：

> 扬雄有言："珠崖之弃，捐之力也，否则介鳞易我衣裳。"此言施于当时可也。自汉末至五代，中原避乱之人多家于此，今衣冠礼乐，盖斑斑然矣，其可复言弃乎！

苏轼虽然不主张放弃珠崖，但他同李德裕一样的把海南岛当为鬼域。他在其到昌化的谢表中说：

> 子孙痛哭于江边，已为死别；魑魅逢迎于海上，宁许生还？

说也奇怪，尽管李德裕与苏东坡把海南岛当为鬼域，可是海南人对他们却很为尊敬，在海口与琼州府城的附近建祠（按：为五公祠）去崇拜他们。海南人不以他们的这种说法为侮辱，而相反的去立祠纪念，很可以说明海岛人的宽大的态度与容忍的精神。

宋代仁宗天圣元年（公元一〇二三）还有一位文人叫做丁谓者被贬到海南岛，他在其《到崖州见市井萧条赋诗》云：

> 今到崖州事可嗟，梦中常得在京华。
> 程途何啻一万里，户口都无二百家。
> 夜听孤猿啼远树，晓看潮浪瘴烟斜。
> 吏人不见中朝礼，麋鹿时时到县街。

说得不客气的话，崖州是个禽兽之邦，说得客气一些，是个动物园，所以麋鹿也时时到县衙办公去了。

直到清代初年，何绛在其《平黎立县议》中还以为"得其地不足以益国家分毫之赋，得其人不足以当一物之用"，说明历代的人们对海南岛的轻视。

可是事实上，秦汉以后的海南岛，不只是国内人当为出产真珠异品之地，而且在海道交通上，时代愈晚愈为重要。明太祖朱元璋在其《劳海南卫指挥敕》中曾说："南溟之浩瀚中有奇甸数千里，地居炎方，多热少寒。"后来海南人邱濬因而作《南溟奇甸赋》，在这篇赋中，他说：

> 兹甸也，居岭海之尽处，又越其汇而独出，别开绝岛千里之疆，总收中原百道之脉者也……

邱濬的《南溟奇甸赋》虽然说得海南岛极为重要，但他对于这个岛的地势山水的理论有点风水先生的说法，而其原因我们在下面一篇里还要再说。

清代蓝鼎元在其《琼州记》（《小方壶斋舆地丛钞》）有一段话说到海南岛在地理上的重要性，今录之于下：

> 琼郡周环皆海也，屹立万里汪洋中，为全粤西南之保障。内则万峰峻拔，黎母、五指俨若天柱；外则十三州县星罗匝布，广袤千有余里，上拱神京，下俯诸夷，占城、真腊、交趾，直可以足蹴之，形势之雄，中原未有也。

一九三六年十月三十日，上海《华美晚报》译日文《世界智识》所登载日人石丸藤太郎的《从军事上观察海南岛》一文，其中也有数段说到海南岛在地理上的重要性，今也录之于下：

> 余每次过中国南海，无论从东至西或从西至东，一面仰望海南岛之最高峰五指山，一面即想及此岛与我国第三生命线有密切之关系也……海南岛不仅对中国南部有关系，而在日本之南进论中尤负有重大之任务。

海南岛为对两广作战之根据地，有军事上之重要价值。此次北海事件的发生，我南遣支队即以该岛为根据地。海南岛对两广之地位，好比两广为轻气球之气囊，海南岛为气球之吊笼，中间有雷州半岛如气球之颈部即吊笼网，气球由吊笼网操纵，则以该岛为根据地，正好牵制两广也。

若日本能以海南岛之榆林港为一大军港，可由日军使用，短期内以优秀之舰队集中于该港，则可牵制中国南海，减去香港军事上的价值，折服萨伊港之法国舰队，控制美国优秀舰队航程。能如此，则南海之海权可落于日本之手，日本即为南洋之主人翁矣……否则，日本人民若忘却海南岛，则一般南进政策论不啻为空中楼阁。

这是日寇的军阀主义者与侵略者的最荒唐的想法。"七七"事件发生以后不久，他们就占据海南岛以实现其这种想法。日本帝国主义者这种如意作法没有多久却失败了，可是我们所要指出的是，近代的海南岛不只为国人所重视，而且为外人所重视，因而开发海南岛的声浪也日来日高。

在辛亥革命成功之后，孙中山先生对于海南岛曾有计划开发。一九一七至一九一八年间，在广东的政务委员会曾派专人到海南岛调查有关交通、黎情、森林、农产、矿产、盐田，他们回来之后还发表过《调查琼崖实业报告书》。约在一九二九年间，陈铭枢任广东南区善后委员时，又作了一些调查工作，并编一本较为详细的《海南岛志》。后来，像伍朝枢还放弃了立法院院长的位置而不做，要作琼崖特别区委员。直到抗战胜利之后，像陈济棠这样的人也要作海南公署主任，而大谈特谈关于发展海南的计划。

二千多年来的一般轻视海南岛的态度，近来可以说是大大改变了。但是在十数年前，尽管态度大大的改变，对于发展海南的实际工作，除了一些私人的种植树胶、咖啡等等，以至私人合营开辟清澜港（按：不久是失败了），以至政府建筑一些公路的工作之外，可以说是没有做过什么建设工作。直到最近十多年来，海南才真正的慢慢的开辟起来，交通工作大大的进行了，种植事业大大的发展了，很多的工厂建立了，重要的矿产开掘了。今日的海南岛，可以说是名符其实的宝岛了。

海南岛在雷州半岛之南，两者隔以琼州海峡，从现在的雷州半岛或徐闻县的海安港到海口的秀英靠岸，约七十余华里，轮船行驶较快的约两个至两个半钟头，慢的约三小时。海南孤悬海外，其地从东北至西南较短，从东南至西北较长，西南部分较广，东北部分较狭，环海公路从海口经文昌、嘉积、万城、兴隆、陵水而至三亚为三百三十三公里，从海口经澄迈、那大、八所、感城、黄流而至三亚为四百一十公里，共为七百四十三公里。但环海公路并不完全靠近海岸而行，尤其是从海口至八所这一段乃取一直径，离开海滨还很远，比方从那大到儋县的新兴港就要约七十公里；又从海口至文昌也远离海滨，从海口至文昌县城的中间站的大致坡，到海南东北角的翁田或赤水港也要约四十公里的路程。所以，若是靠着海岸而航行约为五百公里，以往的史书说海南周围千里是正确的说法。

又从海口经屯昌、乌石、什运、通什而至三亚为三百一十公里，这是中线，经过什运附近，在天气晴朗时，可以看到五指山。

海南地势中间高而四周低。山之最高者为五指山，一千八百七十九公尺，鹦哥岭也高一千八百十五公尺，他如三角岭高一千五百十九公尺，白石岭高一千四百六十八公尺。五指山有五指高出云际，其实还有一指也并不很低，人们大概只算其高者，故谓为五指耳。历代文人咏五指山者很多，明邱濬为海南琼山人，有诗云：

> 五峰如指翠相连，撑起炎荒半壁天。
> 夜盥银河摘星斗，朝探碧落弄云烟。
> 雨霁玉笋空中现，月出明珠掌上悬。
> 岂是巨灵伸一臂，遥从海外数中原。

据说，有一位生于大陆的人士看了这首诗的最后二句，心里不服，也做了一首，最末二句说：

> 中原人物知多少，数到于今指未收。

我师陈玉芝种仙先生一九一七年在新嘉坡教我做诗时，他曾作了二首，其一云：

> 五峰如五指，参排万丈巅。
> 孤高峙海外，一掌独撑天。

其二曰：

> 琼岛砥中流，天下指掌视。
> 举手指中原，不曾屈一指。

我不会做诗，但先生一定要我试一试，不得已而成一首云：

> 五峰如五指，举世无匹俦。
> 北阻北风吹，南止南海流。
> 恋恋抚九鼎，邈邈数五洲。
> 掌上明珠照，日月相与俦。

此外，又如明代的〈杨升〉也有一首云：

> 突兀中峰北斗齐，四峰朝拱翠高低。
> 地环沧海二千里，眼盼青云第一梯。

驿路潆洄通上下，川原缭绕自东西。
方今圣主多涵育，喜见生黎变熟黎。

以五指山为中心，其他几个较高的山岭都靠近与环绕五指山。上面所说的鹦哥岭是在五指山的东北，三角岭在五指山的东南，白石岭在五指山的西南。此外，在五指山之北又有一个黎母山，高一千四百三十七公尺。一千多公尺高的山岭不止这几个，如在鹦哥岭之西，在东方县境内，还有一个雅加大岭，高一千五百五十四公尺，可是这个岭距离五指山较远。

因为好多大山岭都在海南岛的中部，所以海南岛的地势是中间高而四周低。同时海南岛的河流也多发源于五指山一带，最长的南渡江是发源于这个山，经过临高、澄迈、定安、琼山四个县而流到海口出海。南渡江自海口到船崖一段长约一百公里，可以行驶较大的船，船崖以上还可以行驶较小的船。其次为嘉积河，也发源于这个山，经琼海、定安二县，由嘉积而到博鳌港出海，从港口到上游约七十公里，可以通较大的船。此外，又如陵水溪，也发源于这个山，由陵水的水口港出海，从港口到上游约六十公里，可通较大的船。此外，如昌化大江，如北门江、新昌江，如文澜水，均发源于五指山。

河流较长而非发源于五指山者，有如太阳溪与龙滚河。前者源出万宁的鹧鸪啼峒，流到该县的北港入海，后者发源于万宁，流到博鳌港入海。

海南岛四面环海，港湾很多。北边有海口与雷州半岛的海安，差不多遥遥相对。海口之东有铺前港，在海南东北部的文昌的东南有清澜港，其南有北鳌港，又其南有港北港，再南而偏西有坡头港或藤桥港，陵水县有水口港。岛的最南有榆林港，离榆林港不远有三亚港，再向西而稍偏北有崖州港。岛的西边有八所港，有新英港，这不过是随便举了一些较为重要者，应该说环岛沿海一带到处都有港湾，但有很多在交通上稍为大些的船舶难于停泊。

现在人口最多而工商业最为繁盛的港口是海口。这个港口既与雷州半岛接近，又位在南渡江的江口，从香港到北海、海防的船舶必经这个地方，在交通的路线上位置很为重要。元时曾置番营，明时置守御千户所，清咸丰十年（公元一八六〇年）《中英续约》开为商埠，现在有十余万人口，为广东西南部最大的城市。但这也是一个最不好的港口，这个港口位在琼州海峡的南边，其东为木兰头与急水门，从徐闻的海安到海口一带约七十里的海面为分水洋，下有暗沙礁石，最为险隘，历年以来，船舶之在这一带破沈者不知多少。

不但这样，这个港口本身就不成为港口。海口在南渡江的出口处，沙土从上游流出，堆积于海口，沙滩四布，水既浅而路又窄，大小轮船都不能驶入靠近海口市区，必须停泊约十里以外的海面。从轮船乘驳船至海口市，顺风时约一小时至一小时半可以抵达，逆风就要三四小时，驳船或小帆船所走的路线弯弯曲曲，看起来海口市即在你面前，走起来即需时很久，风浪大时轮船停泊于港外海面者，固有问题就是稍有风浪，尤其是冬天北风吹来的时候，驳船靠近轮船，风浪一吹，驳船被风浪所吹，一起一落有好几丈的高低，轮船不能用梯上下旅客，下驳船用绳索缚身从上吊下，吊近驳船时也很危险，稍为不慎可能碰了轮船或驳船。从香港或海防来往而经过海口的轮船，有时停泊的时间很短，旅客若不冒险下去，可能跟船跑到海防或香港。至于货物在这种情形之下根本无法装卸，也只好运到海防或香港，候其回程时然后装卸。我所到过的世界各国的港口不知多少，海口恐怕是最坏的了。

日本占据海南岛时，曾在秀英炮台旁边筑石堤以挡风浪，并建码头，使千吨左右的船舶可以靠岸停泊码头，然也很简陋。近年以来，石堤与码头都加以改建，方便得多，可是较大的轮船还是要泊在海面。所以当为一个港口来说，海口的发展是有其限度的。

日寇占据海南岛时，又在现在的东方县的八所（原属感恩县）建筑码头，并从这里筑了一条铁路到石碌铁矿区，主要目的是掠取石碌的矿砂。八所码头可以停泊数千吨的轮船，近来八所的码头也加以改建，八所市区也大加发展，可是这个港缺乏外围，过于暴露，不能停泊多些船舶，在其发展上也是有问题的。

他如铺前港，港口深入，湾内风景宜人。过去有数千艘帆船从这里驶到东南亚各处，可惜港水不深，轮船较大者不能停泊。又如三亚港，一向为海南帆船所往来的港口，又在这一带是渔盐出产丰富的地方，北海、阳江、安铺及海南岛东岸的好多港口的帆船都到这里运盐，三亚遂成为海南最南的最为繁盛的商场。这个港可以分为内港、外港或港门，内港因为流沙淤积，港水不深，只能停泊千余担的帆船；港门在距离市区约三四里的鹿回头岭旁边的小岛，有时也有轮船来到这里运盐，但从三亚市区到这里要用驳船转运，而在有风浪的时候，轮船也不能停泊于这个港门。此外，又如在西北部的新英港，位置既近大陆，港中面积很大，在过去——在古代可能是从徐闻、合浦驶到东南亚的船舶所常经的港口，北门、新昌两江来自东南，注入于港，四五百吨的轮船可以停泊，但流沙时积，常要疏浚，现在正在发展这个港口，成为海南渔业的中心。

海南岛港口之最好的要算榆林港与清澜港。

榆林港位在三亚港的东边，这也是海南岛最南的港口。从榆林至三亚只数里路，隔以小山坡。这两个港有点像大连与旅顺，因为二者距离既近，而且也隔以小山坡。榆林港在崖县县城之东六十公里，与越南的陀林港遥遥相对，港分为内外二港。内港港门向南而偏东，其左有乐道岭，其右有独田岭，两相对立。港内海岸地势平坦，峰峦环绕，形势雄壮，虽有风浪，港水比较平定，人货上落均无问题。这是一个天然的军港，也是一个很好的商港。港内伸入很深，有点像湛江港口之湾入赤坎，内港港口附近有些暗礁，出门水深约三丈，而窄处宽度约为七丈，两千吨的轮船可以出入，稍加开凿，轮船更可以畅行无阻。内港东西长约十公里，南北宽约二公里余，水深处三丈五尺，浅处约一二丈，可容千吨以上的轮船十余艘。多银水由东北注入港中，水味清甜。外港港口也向南，东西两岸有约三五百尺的山岭对立，距离约五公里，水深三丈至九丈，可泊万吨以上的轮船，但要使船舶靠岸，建港工程相当浩大，但也非很为困难。

清澜港在文昌县城东南约十五公里，港向东南大海，港门宽约一里，港长约七公里，宽处约二公里，狭处约一公里，港内水深处约三丈，浅处约二丈，可容千吨以上的轮船十余艘及较小者数十艘。港口积有珊瑚暗礁，礁面水深约九尺至十二尺，开浚之后，千吨以上的轮船可以驶入。文昌人之到东南亚者很多，以往过旧历年时，东南亚的文昌侨胞往往联合租轮船，直从新嘉坡驶到清澜港。民国初年，还有小型轮船往来于清澜、澳门。港内周围椰树成林，风景很好，文昌江从文昌县流到清澜港，可以通航，以往有小火轮、电船往来。

民国初年，文昌侨胞创议开辟清澜商埠，建筑堤岸货仓，后因欧洲战争爆发，南洋树胶、椰子价值低落，新嘉坡纸币贬值，侨胞所认的股本难于缴纳，商埠工作遂致停顿。日寇占据海南岛时，曾有一小队兵舰停在这里，同时又建了一个较大的冷藏库。

海南岛四面环海，港口虽多，然而正像上面所说，最好的港口是榆林、清澜，一南一北，假使能对于这二个港大力开辟，不只海南环海的海道交通更加发达，就是对于吾国与东南亚的海外交通也必繁盛。清澜居海南岛的东北部，榆林处在海南岛的南部，轮船之从广州、香港、湛江来海南岛者，可以直驶到清澜，这样可以避免琼州海峡的风波危险，对于海南岛的发展将有更大的作用。

海运若能大加发展，尽管河流的航程不算很长，但若加以改进，河运的前途还是很好。若再加以环海铁道的建筑，而在原有公路之外再加以支线，则海南岛的交通事业就将完备。这样，对于发展农垦、工商、矿务必有更大的作用。应该指出，十余年来的交通事业已是大大的发展，我们所希望的是进一步去作得更好而已。

回想三四十年前，海南公路还没有建筑的时候，从文昌县到海口，途程是约七十公里，旅客要三天才到。有一个晚上要住在三江，三江有三几家旅店，简陋不堪，有时客来太多，不只没有床位可睡，想睡在走廊而不可得。客少了，铺母（旅店女主人）可以给你很好的三江蟹；客多了，想吃饭粥也没有。当时有些人可以坐轿子，轿子是二人提，轿夫十个有九个嗜雅片烟，没有吹大烟，走路走不了，一吹大烟，吹了一个半钟头还不起来。提轿的人当然是很辛苦，汗流满身，但是坐在轿里也要坐得端端正正，否则轿夫就有意见，加重与加痛他们的肩膀。现在从海口乘公共汽车到文昌，约三个钟头可以抵达；若乘小车的话，一个半钟头或再短一些就可抵步。至于数百年前的人们，像邱濬、海瑞从海南到北京要走好几个月，光从海南岛到广州，陆道约一千四百里，就要走一个多月，现在呢，从广州乘飞机到海口，一个多钟头就可抵达。

海南地居亚热带，不只本地产生很多植物、农作物或经济作物，凡是亚热带以至热带的植物与作物都可以而且已经移种到这里。稻禾是主要的农作物，二千年前的海南人已会耕种稻，近代又从越南、暹罗及其他各处移种了不少种子，因为气候较热，一年耕种三造并无问题，所以古人有"田有数种之禾"的谚语。海南地势中部高而四周低，雨水易于倾泻，河流较少，而几千年来水利少兴，所以好多地方，尤其是在海南的西部与文昌一带，雨量较少，土地较瘦，因而过去稻米产量不够自用，每年还要从安南、暹罗运入粮食。海南乡间多种番薯，一日二餐，每餐所食多用番薯切碎与米同煮，好多人家所吃的是三分之二番薯、三分之一稻米，海南谓为"番薯饭"。所谓饭，并不是干饭，而是煮得较烂的饭粥，是很烂的饭而有米汤的稀粥，饭是较烂的饭而没有汤。所以，当海南人说吃饭时，他所指的是这种，而别于干饭与稀粥。至于其他的谷类，海南虽可以生长，但产量不多。

关于经济作物，海南的种类很多。甘蔗在海南的历史很久，其质量又很高，比之广东其他处与台湾以至南洋各处的糖蔗，其含糖的成分较多。花生在海南也易于生长，约三个月可以成熟。他如油棕、槟榔也都是易于生长。近年以来，对于油棕的推广不遗余力，十年八年之后，这种产品当为海南出产的大宗。

海南经济作物之最为特出的，是椰子与树胶。前者是海南的土产，在海南，尤其是在环海一带，椰树丛生，遮盖阳光，多数的村落是在椰林里。在祖国大陆上的广东的湛江与云南的西双板那，虽然也有椰树生长，可是结子不多，而且所结的子也不很大，肉不很厚，只有在海南的椰子质量最高，所以人们称椰子为海南果子之王。其实，椰子固可以称为水果，但其用途比之一般水果广大得多，在椰子与椰树的身上没有一物不可用，椰肉当为油料，比之当作水果吃作用更大。邱濬说"椰一物而十用其宜"，我们应该说椰一物何止十用。

树胶的故乡据说是在南美洲的巴西，移种于东南亚的马来半岛，是在十九世纪的七八十年代。但是在十九世纪的末年，海南已有人移种到海南，到了二十世纪的初年，海南人之寓居南洋者比较大量的移植，一九一〇年设立在定安落河沟的琼安公司与一九一一年设立在那大的侨兴公司，都是经营树胶较早的组织。海南的何麟书、广州的吴有胜都是在海南经营此业较早的人物，可惜是在那个时候治安不良，既时遭盗贼的劫掠，又被贪官的榨取，所以难于发展。十余年来大力提倡，种植的面积大大扩张，在好多地方好多公里的公路两旁，都已密布了胶林。

他如咖啡，咕咕也都移植在海南岛。咖啡的移植也约有五六十年的历史，起初是小量移植于文昌的西部，尤其是土菜一带，后来就传播到其他各处。一九六二年，一个农场出产的咖啡就约有五十吨。咕咕的移种时间较晚，然已长得很好，谁敢说多少年后不会与咖啡比美呢？

海南岛的水果除椰子外，波罗长得很好。在文昌，波罗的质量尤高。近年以来又从南洋移种波萝，价廉而味美。波萝叶的纤维名为波萝麻，细致坚韧，可织为布，与近来海南所盛产的剑麻差不多。此外，波萝密或有谓为天波萝者，这是木本水果，树大而高，其果实大于西瓜，内有细囊，囊形如鸡蛋而小，其外有肉，其味很美，肉中有核，核外有薄皮，用水煮之，其核可食。近年以来，海南岛移植不少榴梿，其形似波萝密而小，里面有囊包亦颇似波萝密，南洋人称为果王，颇有异味，但在南洋的人们相信吃之易肥。

此外，又如荔枝、龙眼也盛产于海南各处，产量很多。又如木瓜易于生长，以往海南人在未熟时摘之当为蔬菜，但近来也常候其熟时当为水果，其大者长约尺余。这不过是随便举出一些例子，我们可以说，凡是广东以及东南亚各处的各种水果，在海南岛都可以繁殖。

海南出产的药物很多，益智最为著名，仁丹、千金丹的原料多为益智。又如槟榔，在过去多为待客送礼所必需之物，近来此风已除，其主要用途是当为药品原料，各种丹药以至黑色染料可用此物。

海南的木材种类很多，森林尤其是在中部各大山岭地带面积很广。海南孤悬海外，常有台风，风力猛烈，故所产木性多坚硬而耐久，如石枳、苦枳、波雷、胭脂等木，有千年不朽之称。他如沉香、柳楠，尤为岛上的特产。

蚕丝在海南也很著名，古人有云"岁有八蚕之茧"，说明海南岛是很宜于养蚕。此外，棉花、烟叶、茶叶、艾粉、靛青都可以在这里广事栽培。海南家畜猪、牛都很著名，文昌鸡、加积鸭、东山羊尤为佳品。

海南矿产也很为丰富，铁砂的质量尤高。日寇占据海南时，曾在三亚附近的田独大事开采，掠夺了很多铁砂，后来又在石碌开采。田独的矿产，最近已经采完，石碌的蕴藏，据说若照现在的采量来说，采掘一百年还不定采完。两矿的质量达到约百分之七十，为我国铁矿质量之最高者。此外，水晶矿也正在采掘。据说最近还发现煤矿，假使对于采勘工作能够加强，可能还可发现其他的矿产。此外，据说在沿海海中还有石油的发现。

海南四面环海，渔盐之利最为丰富。在沿海各处几乎处处都可以产盐，以往尤以三亚一带产量最多，近来在鹦哥海开辟百万亩的盐田，对于盐的产量更为增加。

渔业也可以说在沿岸到处都可发展。三亚一向为渔业发达的地区，近来又在新兴港发展渔业，使这个港口成为广东的渔业的一个中心。

海南的奇物珍品与其种类之多，邱濬在其《南溟奇甸赋》中曾做过简要的叙述，今录之于后，以为此篇结话。

　　　　土性殊，而物之生也多奇相，草经冬而不零，花非春而亦放。境临乎极边，而复有海泄其菀气而无瘴，地四平以受敌，无固可负，岁三获以常穰，有积可仰。通衢绝乞丐之夫，幽谷多耇老之丈，古无战场，轶语信乎有征。地为颇善，符言断乎非妄。民生存古朴之风，物产有瑰奇之状。其植物则郁乎其文采，馥乎其芬馨，陆摘水挂，异类殊名。其动物则彪炳而有文，驯和而善鸣。陆产川游，诡象奇形。凡夫天下所常有者，兹无不有，而又有其所素无者，于兹生焉。岁有八蚕之茧，田有数种之禾。山富薯芋，水广鲜蠃。所生之品非一，可食之物孔多。兼中外之所产，备南北之所有。木乃生水，树或出酎。面包于椰，豆荚于柳。竹或肖人之面，果或像人之手。蟹出波兮凝石，鯭横港兮堆阜。小凤集而五色，并凫游而数偶。修虾而龙须，文鱼而鹦嘴。鳞登陆兮，或变火鸠；树垂根兮，乃攒金狗。鮭缘树杪而飞，马乘果兮〔下〕而走。鱼之皮可以容刀，蚌之壳用以盛酒。波底之砂，行如郭索；海澨之贝，大如玉斗。花梨靡刻而文，乌樠不涅而黝。椰一物而十用其宜，榔三合而四德可取。木之精液，爇之可通神明；鸟之毷毛，制之可饰容首。有自然之器具，有粲然之文绣。

第三篇 人民及其他

海南岛最初是那一个种族居住呢？这是一个不易回答的问题。据我们所知与史书所载，现在的黎族是现在的海南种族住在岛上最久的民族。然而，也有人以为在黎族之前还有较为原始的居民。照现在的海南民族来说，除了黎族之外，还有苗、岐与俫族，又有僮族，此外绝大多数就是汉族。苗族到海南岛的时间据说并不很久，现在约有三万人口，多与黎族杂居。僮族人数更少，海口附近的北柳等处有了一些，多与汉族杂居。汉族可能在战国、秦时代已经迁入，但到三国时代人数不会太多，晋代尤其是五胡乱华以后，来者——避难而来逐渐增加，唐尤其是宋以后来者愈多。起初多居于海南岛的北部东北角与西北角各处，后来慢慢的迁于全岛的环海一带，现在在岛上者约有二百五十万人口，而侨居于海外尤其是东南亚者，约有百余万。

汉族所说的方言是属于福老系，这就是福建南边厦门一带的方言。这种方言不只见于福建南部，而且在潮州一带，在中山县的龙都，在电白、茂名的南部，以至雷州半岛，都可以说是说了这种方言。因此之故，有人以为汉族来自福建。海南的汉人有了不少是来自福建当无问题，但也有很多来自全国各处。

僮族可能来自广西，苗族也可能来自广西，俫族的来源不清楚。岐据说为隋时的㐌族，有人说是傜的别种。明代海瑞在其《平黎疏》中黎、岐并提，说明在当时岐族人数必定不少。清毛奇龄在其《蛮司合志》卷十五《两广四》中指出，黎、岐实为一个种族。他说：

> 黎、岐，琼州坞土蛮也，相传有女嬴居，感南风生蛮，故其地有黎母山而即以黎名。其又名岐，则诸蛮有析居五指山者，五指者，岐也。第名虽有二，而总为一黎。

这种说法也不见得是正确，黎、岐既然并称，在他们之间一定有了或多或少的差异。

"黎"这个字或名称早已见于中国史书，《书经·尧典》说"黎民于变时雍"，黎民的意思就是人民或是庶民，可是这样的用法是一个普通的用法，并非某一个种族的专用名称。《国语·周语》中有"王无亦鉴于黎苗之王"。有人解释，这里所说的黎苗为九黎三苗，这里所说的黎也不见得是一个种族的专用名称。汉武帝以至孙权征伐珠崖，都没有明确的指出是征伐黎苗，所以"黎"这个名词当为一个种族来说是较晚的。

有人以为现在的黎人就是历史上的俚人，吴万震《南州异物志》（《太平御览》引用）说：

> 广州南有贼曰黎，此贼在广州之南，苍梧、郁林、合浦、宁浦、高凉五郡，中央地方数千里，往往别村各有长帅，无君主，恃在山险，不用王，自古及今，弥历年纪。

《隋书》卷八十二《南蛮传》中说：

> 南蛮杂类与华人错居，曰蜑，曰獽，曰俚，曰獠，曰㐌，俱无长君，随山洞而居，古先所谓百越是也。

《异物志》所说的五郡既没有珠崖，《隋书》所说的俚也非指明是在珠崖，所以从三国到隋，珠崖是否有俚却是一个问题。我们知道，现在在我们祖国只有海南岛有黎人，而且这些黎人之在这个岛上历史应该很久。隋之前既没有记载珠崖有俚，那么这个岛上的黎或是土人是否为俚，就有问题了。

在唐人的著作中，我还没有找到有关于海南岛的黎族。杜佑《通典》有好几个地方说到珠崖，但也没有说到黎族。我们只能在《新唐书》卷一六六《杜佑传》找出"珠厓黎民三世保险不宾，佑讨平之"一条，这是很重要的一条记载。杜佑曾做过岭南节度使，又奉命讨平珠崖土人，对于这一带的情况应该比较熟识，可是他自己在其著作中也没有关于"黎"族的记载，而却在宋人所撰他的传中用了"黎"这个名称，杜佑在其《通典》里的一段话说到珠崖，也说到"夷獠"，而没有黎，这是很为奇怪的。

也很奇怪的是，李德裕到了海南之后，在其《贬崖州司户道中》的七言律诗中只说到蛮，没有提到黎。他的诗云："岭水单分路转迷，桄榔椰叶暗蛮溪。"李德裕与杜佑都到过珠崖，可是在他们自己的著作中，我们还找不出他们用"黎"这个名称，只有"蛮獠"的名称，这是很难解的。

到了宋代，著作之记载"黎"的不胜枚举。很巧凑的，在唐代与唐代以前的著作之记载"蜑"的，均没有说其为水居。所谓"蜑蛮"或"蛮蜑"是住在山峒，但是到了宋代，志书皆说"蜑"为水上居民。蜑民为什么从唐时的峒居而变为宋代的水居，很值得我们研究。至于黎人之在唐代与唐代之前的著作中，据我所知，还未能找出来，而在宋人著作中之录及者却又很多，这也是很值得我们研究的。苏东坡住在儋州好几年，他在《和劝农》六首四言诗中就说到黎人，他说：

> 咨尔汉黎，均是一民，鄙夷不训，夫岂其真……

他在一首七言诗中又说"半醒半醉问诸黎"，又七言古诗中有"晚途更着黎衣冠"的句子，又在《和陶拟古》九首五言古诗中提到黎母山与黎山。此外，乐史在其《太平寰宇记》卷一百六十九《岭南道十三》中说：

> 琼州……风俗有夷人，无城郭，殊异居，非译语难辨其言，不知礼法，

须以威伏。号曰生黎,巢居洞深,绩木皮为衣,以木棉为毯,性好酒……

宋周去非在其《岭外代答》卷二中说:

> 海南有黎母山,内为生黎,去州县远,不供赋役;外为熟黎,耕省地,供赋役,而各以所迩隶于四军州。生黎质直犷悍,不受欺触,本不为人患。熟黎多湖广、福建之奸民也,狡悍祸贼,外虽供赋于官,而阴结生黎以侵省地,邀掠行旅、居民,官吏经由村峒,多舍其家。

又如范成大在其《桂海虞衡志·志蛮》中也说到生黎与熟黎。宋赵汝适在其《诸蕃志》卷二中说:

> 黎,海南四郡岛上蛮也。岛有黎母山,因祥光夜见,傍照四郡,按《晋书》分野属婺女分,谓黎牛婺女星降现,故名曰黎婺,音讹为黎母。

后来,马端临在其《文献通考》卷三三一《四裔考八》中告诉我们道:

> 黎峒,唐故琼管之地,在大海南,距雷州泛海一日而至,其地有黎母山,黎人居焉。旧说五岭之南人杂夷獠,珠崖环海(按:为杜佑话),豪富兼并,役属贫弱……俗呼山岭为黎,居其间者号曰黎人。

从此以后,凡是谈黎人之来源者,均以为是因黎母山而得名,或因俗呼山岭为黎,故称黎人。如明代的章潢,在其《图书编》(参看《图书集成》卷一千三十一①)也说:

> 黎,今儋、崖、琼、万州岛上蛮也。岛之中有黎母山,诸蛮环居四傍,号黎人。内为生黎,外为熟黎。

其实,这种说法是否可靠也成问题。黎人既因黎母山或名山为黎而乃号为黎,那么,黎母山或其他山岭之在这个岛上历史已久,为什么在宋以前不因此而称黎,而却在宋代才称黎,就不可解。若说黎母山是在宋代才称为黎母山,而在宋之前并非叫做黎母山,或是在宋之前,这里的人们并不谓山为黎,而到宋时才这样的称呼,那么,黎母山之所以为黎母或山之所以称为黎,也可能是因有了黎人居在山傍,然后山也因之而得名了。

近来也有人以为,黎是与广西的僮族,或云南古代的哀牢,或近代的傣族,以至暹罗、老挝的老族同一种族,这种看法也不见得有充分的理由与证据。杜佑《通典》卷一百八十四《州郡十四·古南越》中说:

> 五岭之南,人杂夷獠,不知教义,以富为雄……珠崖环海,尤难宾服,是以汉室尝罢之。

---

① 编注:经核查为《古今图书集成》卷一千三百九十一。

又上面所抄《太平寰宇记》那段话中，也说琼州有夷人。夷者指一般外族人民，所谓蛮夷就是这个意思。杜佑所谓"夷獠"，也可以称为"蛮獠"。海南的土人，在唐与唐之前与其他好多地方，是用一个比较普通的名称去概括，称之为蛮或称之为夷，这些土人也就是杜佑所说的"夷獠"，或者就是"獠族"。黎音近于"獠"，从"獠"而变为黎。宋晁说之在眉山《苏叔党墓志铭》中说"叔党之风，使蛮蜑夷獠若可以语礼义"，说明"夷獠"在宋还有人用。在明代，唐胄在其《平黎总论》中还用"彝獠"这个名词（"海南丛书"第三集《传芳集》）。清康熙时，程秉慥所纂的《乐会县志》卷四《艺文志》录有明何之梅的《海南风土诗》云：

南溟浩瀚里，一掌地孤悬。
俚獠言传箭，珠官户纳钱。
天文形婺女，疆域志楼船。
茅屋朝昏望，朝烟变海烟。

在明代，黎的名称已很普遍，何之梅所指的"俚獠"，应该就是黎人。然则黎之于"獠"的关系，也是值得我们研究的。

历年有关海南岛的文献，平黎的奏疏或文章、策论最为丰富，这说明了在历史上，所谓海南"黎患"是一件极为重要的事情。有些人以为，这是因为当地土人或黎人生性犷悍凶暴，时欲作乱，其实他们之所以反抗的主要原因，是由于当地的贪官污吏勒索无厌，而一般奸商又加以种种欺骗，使他们忍无可忍，以至求生不得，只有反抗之一途耳。关于这一点，尽管历代文献之谈到黎患者多为统治者所说的话，但从其字里行间，他们也非完全不承认黎人往往是因被迫而乃反抗。比方明朝嘉靖年间（公元一五二二至一五六六），曾任过广东按察司、清军监督左哨副使的钱嵊，在一五四九年参加征伐黎人，曾作过《悯黎咏》，中有二首云：

海南无猛虎，而有麖与麂。
元崖产珍木，种种称绝奇。
斯物出异域，颇为中国推。
以兹重征索，奔顿令人疲。
穷力务采猎，为官共馈仪。
苦云近岁尽，无以充携持。
……
叶落当归根，云沉久必起。
黎人多良田，征敛苦倍蓰。
诛求尽余粒，尚蓁稷与豕。

> 昨当租吏来，宰割充盘几。
> 吏怒反索金，黎民那有此？
> 泣向逻者借，刻箭以为誓。
> 贷一每输百，朘削痛入髓。
> 生当剥肌肉，死则长已矣。
> 薄诉吏转嗔，锁缚不复视。
> 黎儿奋勇决，挺身负戈矢。
> 枪急千人奔，犯顺非得已。
> 赫赫王章存，令人弃如纸。

这与杜甫的《石壕吏》的情调很相像了。

海南岛的黎人现在约有三十余万，他们与数万苗人联合而设立自治州，享受升平的生活，摆脱了历史上被人压迫的惨苦生活。

上面已经指出，汉人之移居海南岛者，可以追溯到战国与秦的时代，其移入最多的是唐、宋以后。汉人之移居于此者，有的是贾人，有的是亡命之徒，有的是来此当官吏而留居此地者，有的是被贬而居于此者，有的是被乱而逃难到此者，这些人在某种意义上也可以说是开辟海南岛的先锋，他们既有了很多不容于封建统治，又有不少是不愿受治于异族，因而反抗封建统治者与反抗异族压迫者的情绪比较浓厚。邓淳在其《岭南丛述》里曾录"广语琼人不仕元"之一条中云：

> 宋末琼州人谢明、谢富、冉安国、黄之杰，曾从安抚赵与珞拒元兵于白沙口，皆被执，不屈，以死于是。终元之世，郡中无登进士者。明兴，才贤大起，文庄（邱濬）、忠介（海瑞）于奇甸有光。

到了明亡之后，琼州人之不愿仕清者也很多，比方文昌县帝评乡的陈是集，明末登进士，也做过官，清兵占琼之后，他辄更沐衣冠，北向稽首，且拜且哭曰："臣无以报国矣！"继而就缢者再，饮鸩者再，咸以救获甦……有劝薙发投诚者，辄援笔谢曰："吾欲以此见诸先帝于地下，可杀不可辱耳！"（《筠似公行状》，见海南书局所出"海南丛书"《陈中秘稿》）还有传说清兵占琼之后，他在乡间一个湖上建了一座浮出水面的木屋，息居其中，终其身而不外出，以表示不蹈清地之意。所以有清一代在政治的舞台上，几乎没有琼人的地位，直到辛亥革命之后，这种情况又开始逐渐改变。

有人说海南岛孤悬海外，其民也有其孤僻与刚直的性格。我们不必相信地理环境决定人的性格，但海南有了不少孤僻刚毅之士也是一件事实，明代的海瑞就是这样一个人。关于海瑞，近来人们之谈及者很多，我们不愿在这里多所论列，现在只把他给奏疏中及其传中的几段话录之于下：

> 人谓陛下薄于父子；以猜疑毁谤戮辱臣下，人谓陛下薄于君臣；淹留西苑不复官居，人谓陛下薄于夫妇。隔并屡臻，盗贼滋炽，吏贪民困，赋役烦增，万方即效，破产礼佛，至于室如悬磬，十余年来极矣！天下因陛下改元之号而臆之曰："嘉靖者，言家家皆净无财用也。"迩者严嵩罢相，差快人意，然而世俗论者尚未清明……天下之人不直陛下久矣。

这是他给明世宗嘉靖的奏疏，据说：

> 疏上，大怒、抵之地，已又再取读，太息自悔，留中者数月。始帝怒时，拍几叱咤。一日挞诸宫婢，宫婢詈曰："皇帝受詈海瑞，而泄忿我辈。"帝密访外谁与瑞同商者，同官见瑞皆避去。宦者黄锦以恭谨幸，上问海瑞何如人，对曰："瑞自知谤触当万死，诀妻子待朝次，齎棺一具，伺入木而已。顾其人，刚直有声，居官丝粟无所取……"是时天子春秋高……因召大学士徐阶议内禅曰："畜物谏朕是也，顾朕老矣，安能视朝如曩时……"上有旨，皆名瑞"畜物"……亡何上崩，庄帝就位，以遗诏出瑞复故官，累迁至金都御史，抚治苏松，命下，赃吏望风解印。苏故有监织太监出舁八人，闻瑞至，去其四。吴中有显者赭第居，一夜黝之。瑞为政，一以通民隐抑强横为主，访知民间产业多被乡官白夺，裁抑过当，吴中习民讦告纷然，乡官亦自退出还民，于是诸大家绝不便瑞（何乔远所撰《海忠介传》，"海南丛书"《海忠介集》）。

他死后赐谥忠介，皇帝遣礼部左侍郎沈鲤去祭他。祭文说：

> 惟卿高标绝俗，直道褆身，视斯民由己饥寒，耻其君不为尧舜。矢孤忠而叩阙，抗言增日月之光；出百死以登朝，揽辔励澄清之志……若金在冶，百炼弥坚。俟河之清，九泉莫及。

海瑞号刚峰，又赐忠介，可以说是名符其实了。

海南岛是我国最南的地方，在接受中国固有文化上是比较迟慢。可是正是为了这个原故，中国的固有文化之在北方者早已湮没，而却有的遗留于中国的南方，而尤其是在广东一带，包括海南岛在内。三十多年前，一位德国的旅行家与有兴趣于考古工作的德国人在海南岛各地旅行一个相当时期之后，曾对我说，中国的一些旧风俗习惯在中国北方或其他的地方已找不到的，却可以在海南岛发现，他甚至对我说，中国最古的三坟五典也可能在海南岛找出来。这当然是使人难于相信，但中国的固有东西有不少直到现在还留存在海南岛，是无可疑的。比方在海南的方言中，有了不少是中国的古音，这是没有问题的；海南的宗族制度与其思想，比之大陆北方浓厚得多，这是中国固有文化与社会制度的特征。

孔子曾说过"礼失而求诸野"。凡是离开其家乡愈远的人，对于自己家乡的风俗习惯保存得愈多。我们现在到东南亚各地，看到华侨有了不少仍然举行明代的婚姻、祭葬的礼节，说明在祖国这些风俗习惯早已湮没，但仍可在远在东南亚的华侨社会找出来。中原人从我国北部迁移南方愈远而愈南者，对于固有的风俗习惯愈为宝重，所以子子孙能够保留，正如苏东坡所说："自汉末至五代，中原避乱之人多家于此，今衣冠礼乐，斑斑然矣。"

从另一方面来看，海南岛处在海外，又是中国与海外的海道交通的要冲，对于接受外来的东西必定较早而又较易。在古代的扶南，而尤其是林邑与海南岛，只隔一个海湾，故林邑、扶南之于中国的船舶的往来，以至使者的互相聘问、商贾的运输货物，其道经海南岛沿岸港口者必定不少，扶南、林邑的物品之传到海南者也必不少。我们已经指出，在宋代有好多占城人，这就是林邑的后身，曾有不少因其国乱而逃难到海南岛，那么，扶南以至东南亚或印度洋各国的船舶之经过或到海南岛者也当不少。扶南在其王范曼的时代，这就是公元后第二世纪末至第三世纪初的时候，曾造大舶穷南海，说不定在这个时候已有扶南人到这个岛。

《太平寰宇记》说：

> 废富罗县有毗耶山，顶有虫伏似蛇，俚人以虫为毗耶。

阮元《广东通志》卷一百二十《山川略十三》"琼州府临高县"条中说：

> 毗耶山在城西北十里，一名高山。

《舆地纪胜》说：

> 县（指临高）北有毗耶神，每黎人叛，则神驱蜂以御之，官军大破黎人。

又黄佐修《广东通志》"临高"条说：

> 上有吞人石，其神灵能捍贼。

《太平寰宇记》卷一百六十九"废富罗县"条说：

> 废富罗县东北一百二十里一乡，汉儋耳县，隋为毗善县，唐武德五年（公元六二二年）改为富乐县，以县人民是林黎夷旧废。

这里所说的"毗善"不知是否为"毗耶"的对音，因为"耶"音与"善"音也颇相近。假使这种看法没有错误，那么毗耶神之在海南岛的历史是很久了。

毗耶神的像是虫而似伏蛇，这是拜蛇教。这种教据说最初是从印度传到东南亚，外文名为 Naga，这种信仰早已传到扶南，周达观《真腊风土记》有一段话说到真腊的蛇神，真腊是扶南的后身，也就是现在的柬埔寨的前身，这个拜蛇教是否从印度传到扶南，又从扶南，传到海南岛，很值得我们研究。我们虽不能在这里讨论这个问题，但这个毗耶神无论是从名称来说也好，是从实质来看也好，绝不是我们固有的宗教，是无可疑的。韩槐准先生对于这个问题很为注意，他认为毗耶神是一种婆罗门教。他最近还在海南岛找了好多"石狗公"（用石刻成像狗一样，有的像狗大，有的比狗小，有的比狗大，我家有两个像狗大，其一已送给广东博物馆），韩先生还以为"石狗公"也是从印度来，假使这些看法是对的，那么婆罗门教或印度教之传入海南岛历史很久了。

宋周去非在其《岭外代答》卷十《古迹》中说：

> 盖南蕃及黎，人人慕佛相好。

宋赵汝适《诸蕃志》卷下记及生黎熟黎也说：

> 盖黎族慕佛。

阮元《广东通志》引明郭棐《粤大记》说：

> 徐鉴，字子明，宜兴人，宣德（公元一四二六至一四三五）间，以户部郎中奉敕守琼……军官利黎产，多启衅以邀赏，鉴镇以无事，皆安堵不为变，民渐黎俗，病不服药，惟杀牛祭鬼至鬻子女为禳祷费，鉴以佛老虽非正，然不害物命犹善于此，乃许钜室修饰寺观以移积习，自是有病者不杀牛，而民用稍纾。在琼四年，宣德癸丑（公元一四三三年）秋卒。

这都说明佛教之传入海南岛为时很早，而且佛教现为黎人或土人所崇拜，而又为人人所仰慕，说明其历史可能更久，其流传更为普遍。海南岛既接近林邑、扶南，林邑、扶南在其早期历史上又为佛教的国家，在南北朝时代扶南曾有僧人到中国翻译佛经，至于佛教之传入扶南当在公元二三世纪的时候。林邑建国于二世纪，扶南建国的时间约为公元前后一世纪，海南黎人或土人，人人慕佛并非一朝一夕的事情，故其历史必定很久，说不定也是从林邑或扶南传播而来。假使这种看法没有错误，那么佛教之较早传入中国是由海道，海南岛又成为佛教传入的较早的地区了。

此外，回教之传入海南岛，其历史也相当的久，直到现在三亚一带还有很多的回教徒。回教之传入林邑或占城是在唐宋之际，宋代占城已有不少回教徒当为使者到中国来。三亚与林邑或占城遥遥相对，海南岛的西部也接近占城，海南的回教来自占城也是无足为奇的。

我们在上面已经指出，因为海南岛居在海外，又是中国与海外交通的要冲，对于接受外来的东西既较早而又较易，所以婆罗门教、印度教、佛教以至回教都可能很早传入这个岛。到了明代，最初从西洋或欧洲的天主教士，像最著名的利玛窦之于海南人的关系也很密切。利玛窦来华传教，从广东北上，想到北京，到南京时，得到礼部尚书海南定安的王忠铭宏海的帮忙，才能顺利的到北京。在当时来说，我国人固步自封，对于外来思想与外人，不是极力排斥，也是持了一种很为冷淡的态度。推荐天主教徒到北京宣传宗教是否应该，我们不在这里讨论，但是在那个时候，他敢于这样去做，也是一件不易的事情。

在天主教的著作中，好像还说王忠铭的家人曾信天主教。在王忠铭的著作与传记中，我们找不出来这种记载，但是王忠铭既大力帮忙利玛窦到北京去宣传宗教，同时又输入西洋一些科学，他以至他的家人对于天主教有了好感，也是一件不足为奇的事情。

天主教之传入海南岛固是较早，新教之传入海南其历史也较久。宗教方面固是如此，其他的生活方面也是如此。比方西装革履，据说在十九世纪的下半叶已从在东南亚的海南侨胞传入，在辛亥革命之前，在文昌县已有人裁缝西服。东南亚的好多食品，如上面所说的暹罗、安南的谷种，早已为海南人所移种。在咖啡没有移种之前，在海南的海南人因受东南亚琼侨的影响，已有饮咖啡的习惯，在马来亚以及东南亚其他好多地方开咖啡店，最多的是海南人。当我小年在新嘉坡，几乎所有的咖啡店都是海南人所开设，进到咖啡店，海南话可以通行无阻，以至后来一些潮州人或福建人所开的咖啡店也要请海南人去炒咖啡与冲咖啡，他们以为只有海南人所炒与所冲的咖啡味道最好。海南人之到东南亚的既很多，饮咖啡的习惯也就传入海南岛。抗战之前在海南可以说遍地都有咖啡店，一个数百人的市镇往往也有三二间咖啡店，牛奶红茶也很为普遍。今天的海南岛出产咖啡最多，是有其历史原因的。海南人的住宅外表虽为中国式，但洋楼的建筑很早也已传入。至于室内的家具装饰之受海外与西洋的影响尤为显著，窗户梁柱很多是用柚木，柚木主要来自暹罗。海南帆船到东南亚的很多，木料与其他建筑材料很多来自南洋。本来海南本地就出产很好的木材，如石枳，如苦枳，但有的要从内地砍取，砍工运费比之用帆船从暹罗、安南、马来亚运来的还要贵，因而在沿海一带的人们建筑房舍，其材料不少来自东南亚。

公路的建筑，海南岛也建得较早。尤其是在文昌，在民国初年不只干路修了不少，几乎每个乡村都有支路通达干道。结婚新娘不坐轿子，而要乘小汽车，新式婚礼在当时是叫做文明婚礼。白话戏也称为文明戏。

新的教育在海南岛也提倡得很早。满清末年就开办新学校，比方文昌中学在初开办的时候，因为找不到数理化教员，就请日本人来教。辛亥革命之后不够三年，光只在文昌一县就有三百多所学校。据说在那个时候，广东省二个县是学校最为发达，一为梅县，一为文昌。但若以学校与学生数量来说，文昌最多。文昌不只是男人读书多，女子读书的也不少。年青人读书，年老人，尤其是在东南亚的海南人之年纪较大的，白天工作不能入校读书，他们就合资开办夜校去从事补习。

海南岛的教育，在数量方面，尤其是在文昌一县至为发达，可是在质量方面，却有不少问题。海南教育发达，主要是在数量方面，但数量最多的主要是小学教育。虽然这种情况在文昌有点例外，因为在文昌县中学也有十余所，虽则绝大多数的中学是初级中学。

从整个海南岛来看，高级中学的数目还是很少。抗战胜利以后，海南人士，以及海外侨胞曾捐款开办一所海南大学。大学分为四个院：一为文学院，一为理学院，一为农学院，一为医学院。虽然创办时期师资设备均嫌缺乏，然而也算得有点基础，而且能在大陆请了一些较好的资师。解放以后，海南大学改为海南师范学院，可是不久又改为海南师范学校。一九五二年全国院校调整，海南师范学校也停办了，师资、设备主要分配到广州华南师范学院，学生绝大部分也分配到该院。至于农、医两个学院学生，分别分配于其他农、医学院。

一九五八年海南师范专科学校重新设立。最初为二年制，这就是高中毕业入该校之后读了两年就可毕业。学生主要分配到初级中学教书，也有少数分配到小学教书。

一九五八年华南农学院还设一个分校于海南岛，校址在海南岛的那大附近。不久广州的华南热带农作物研究所也迁到那大，农学院分校与该所合并，改名为热带农作物学院，由农垦部领导。数年之间，对于校舍大力建筑，现在已有四五万平方公尺的校舍，高楼大厦成为海南岛所少有的伟大的建筑群。此外，对于设备大加添置，对于师资也极力罗致，学生也有千余，这是新办的高等学校之发展最快的一所。

热带农作物学院与研究所设立之后，对于今后海南岛的农业的发展一定有很大的作用。可是因为海南师范专科学校的设备，尤其是师资很为缺乏，这对于海南的整的教育的发展上有了极大的影响。

因为海南师专最初为二年制，后来改为三年制，学生毕业之后主要是分配到初中，若是分配到高中，他们教书还很吃力。而况师专本身教师数量既不多，质量好的更少，这样的学校，学生毕业之后就是分配到初级中学教书，也觉得水平不够高。

同时，现在的师专只办几个科，中文、数学与物理，其他化学、生物、外文都没有。中学，尤其是高中，如不注意于外文、化学、以至生物，学生投考好多高等学校就有问题。就如投考在海南开办的热带农作物学院，化学、生物与外文都很重要。海南师专对于这些科目既都缺乏，其学生之到中学教书的就不能教授这些科目，因此，中学，尤其是高中的师资来源，不得不从广州或其他各处的大学或师范学院毕业生中争取。可是大陆的高等学校的毕业生分配到海南的多不愿意，就是来了也多不安心。至于教学有经验而水平又较高的中年或老年教师，愿意到海南者，那更是少而又少。

中学的教师尚且如此，海南师专要在大陆聘请教学有经验而水平又较高的教师，更是难乎其难。

第四篇　海南的侨胞

海南人之最早到东南亚各处的，是在什么时候，我们现在无法考订。但是海南岛是接近越南半岛而又是中国的最南地区，在海道交通上是与东南亚各地最为接近的地方（广西钦廉一带、广西的南部都与越南接壤，云南南部也与缅甸、老挝接壤，海南岛不与东南亚任何一国接壤，但由海道而到东南亚各国当以此地为最近），我们相信海南人之到东南亚的时间必定很早。我不准备在这里去叙述海南华侨的历史，我只是想把我个人所知道的海外的（包括东南亚以外的各处）海南侨胞的一些情况加以叙述。

一九三五年我到东南亚好几个国家，看到好多海南侨胞，在言谈中，据他们估计，光以文昌一县的海外侨胞来说，就有三十多万人。海南岛的文昌县的人口在当时来说也不过约三十多万，这就是说，到海外的文昌人与在海南岛的文昌人，其数目是相等的。现在三十年过去了，在这三十年中，尤其是在抗战的时期中，海南岛被了日本占略，据说当时文昌人之逃到海外的有好几万。至于抗战前后，文昌人之到海外的为数也必不少。当然在这个时期中，尤其是在日本投降以后，也有些人从海外回到海南岛，但这些人有很多回来后仍然再去，真正回来养老的为数究竟很少。

假使我们相信三十年前文昌海外侨胞已有三十多万，那么，三十年来这些人之在海外生子养孙，其人口增加必定不少。文昌的男的有的从文昌携妻出去，有的在当地娶妻，一般的说，小孩特别的多，我所看到的每一家不是十个八个小孩，就是五个六个，至于经济优裕而取妾的，小孩更多。我们假定一九三五年的文昌海外侨胞为三十五万人，而每年出生率为百分之五的话，那么每年就增加约一万四千人，三十年中就不只四十二万人。因为以一九三五年的三十五万来计，一九三六年就为三十六万四千，到了一九三七年增加数目就不止一万四千了，这样计算，三十年中可能超过五十万。

应该指出，三十年来死亡的数目也当不少。但我们若把出生与死亡互相抵销，那么三十年中增加一倍似不算多。至于从文昌迁到海外的，这三十年内以五万人来算，那么在一九六五年，文昌海外侨胞约有七十万。

应该指出，海南人之出洋最多的是文昌一县。在文昌，有好多乡村中，可以说是没有一家无出洋人，我自己的瑶岛村就是这样。其实每家在海外的人数多于在家的好几倍。然而除了文昌县外，琼海（原会同、乐会二县）之出洋的人数也不算少。此外，几乎每县都有人出洋。所以，我们估计海南岛人之出洋的至少有一百三十万人。

现在在整个海南岛上，人口约为三百万，海南侨胞又有约一百三十万，比较起来，侨胞的数目可以说是很大。但是我们也得指出，在东南亚的华侨就有二千多万。华侨之在东南亚者，主要是广东与福建两省最多，广西、云南也有少部分，至于北方各省人数更少。二千多万的华侨中海南只有约一百三十万，比较的说，显然是很少，约有华侨总数的二十分之一。所以，海南的华侨比之闽南、潮州、广州以至客家的华侨都比较的少。

　　海南靠近东南亚，而侨胞的人数却比［不少］其他好多地方〈少〉，这是什么原因呢？

　　我以为其中一个主要原因是，与四十余年前海南人反对海南岛的妇女到东南亚去有了极大的关系。

　　海南人而尤其是海南人之到南洋当工人的，看到广州或其他地方有不少妇女之到这些地方的，有的被带来当娼妓，有的本跟丈夫或父母同来，但因家庭生活困难而至当私娼或操贱业，也有的习染当地人民或欧西人的自由恋爱或是自由社交的生活，从他们看起来，这都是伤风败俗的事情，所以他们对于妇女之到海外者，就持了反对的态度。

　　在海南，绝大部分的人们是住在乡村。除了海口以外，其他的县城或市镇极少有妇女居住，就是男子之在这些城市做生意或当技工（如木匠、泥匠、铁匠、补锅，等等），多是白天到市镇，晚上回到乡村的家里。在市镇的铺店，往往只留一二个人看房子或照顾货物，有的铺店不是墟日或晚上，根本就没有人，把门锁起来。从乡村的人们看起来，县城市镇是办公事、做生意的地方，而不是住家的地方，所以生在县城或市镇上的人们极为少数，而这些人是被称为"县子"或"市子"。"县子""市子"在乡村人看起来是一种低看的叫法，还有些人当为"野子"来看，这当然是错误的看法。但因为绝大部分的人们都住在乡村，不惯于城市生活，同时在城市上的确也有些妇女是操不正当的职业，所以人们之在城市做生意或操其他职业的，就不习惯而也不愿意带家眷到城市。

　　海南本身既有了这种传统看法，海南人之到东南亚各处而尤其是在东南亚各城市的，就不愿意携家眷同去。因为多数人有了这种看法或是偏见，极少数或个别人要带家眷到东南亚的，他们就起而反对。我记得小年在新嘉坡，曾看到有人从海南乡间带妻女到新嘉坡，一上岸就被住在新嘉坡的海南比较年青的人们殴打，结果是不得不乘原船回去。

　　应该指出，他们反对的妇女是海南土生的妇女。假使一个海南人所娶的是广州或潮州妇女，带到新嘉坡，他们就不见得反对。至于在当地娶当地妇女或广州、潮州妇女，当然更无问题，然而这一些人究竟为数极少。

　　不许海南妇女到东南亚去的历史多久，无法考订，这是海南人——只是海南人的一种不成文的禁例。一个海南人要带海南的妻子到，比方说新嘉坡，他可以请新嘉坡公安部门派警察到码头保护上岸，但他要提防随时随地可以被打。这样，就使海南人之在东南亚的，不敢从海南岛带妇女到这个地区。

这不只对于海南人之在东南亚的人口的增加受了限制，就是对于他们在经济的发展上也受到极大的限制。

到东南亚的海南人与其他各处的人们，大致上多是穷苦的人们。因为在其乡间或当地谋生不容易，为生活所迫，才打算出洋或海南人所说"去番"（去番者，往番人之地也）。所谓"去番去黎（到黎人所住的地方）"都是为生活所迫，或是做了伤风败俗的事情而不容于族人的人们。这些人出洋的旅费多是向别人借用，借钱当旅费，到了南洋之后，也不一定就能找到工作，就是找到了，也要做了一年半载才能还清这笔旅费。此外，还要每年寄钱回家当家用，或清还旅费以外的借欠。比方说，做了一年工才还清旅费，再做一年才存一个旅费，又再做三年或二年才有一些储蓄，这样就需要四五年的时间。假使这个人是一个年青未结婚的，四年或五年之后他就想回家结婚；假使他已结婚没有小孩，他就想回去生个小孩或添多一个小孩；假使他已结婚而且有好几个孩子，他也想回去看看父母、妻子，或是加建房子，或是父母年老了庆祝寿辰，假使父母死了，另买一个风水较好的地方来安葬或迁葬。总而言之，出洋三五年或四五年总要回来一次。回来之后住了一年半载，所有的储蓄都用光了，于是又借旅费出洋。这样重复下去，海南人说为"工"字不会出头。"工"字出头者就变为"士"字，士者不一定是读书或做士大夫的工作，而只是说做得或享受比工人高一级的工作或生活而已。

这样的循环下去，在经济上，海南人之在东南亚的，既难于发展，在人口上，海南人之在这个地区的，也难于增加。他们回乡结婚，结婚不久又到东南亚，有的长期找不到工作，找到工作，入息极微，难有储蓄。有的十年八年以至三十年、二十年才回家一次，甚有一去就不回而死在海外者，其妻在家守"生人"寡。虽然有的在乡生了男孩，到了相当年纪也可以出洋，然而在乡间既不会生很多孩子，在东南亚的人口的增加更不会多。

相反的，福建人或潮州人出去者可以全家携去，有的连祖宗牌也带出去。到东南亚之后，男的找工作，家人可以在城市郊外盖起茅房，种菜、养猪、养鸡，既与家人同住一处，孩子也容易增加。他们不需要三年或五年回去，入息可以积累起来，既省往返旅费，又免了回家的一年或半载以至旅途中所浪费的时间。所以，潮州、福建人之在海外者可以经过好多代，人口增多，钱财也累积起来。

是约在一九二〇年或一九二〇年以后，海南人始打破了不准带妇女到东南亚的禁例。也是从这个时候以后，海南人之在海外出生的小孩大大增加了，海南人之在海外的经济情况慢慢的好转。可是在这个时候之后，从国内之到南洋者，既受了居留地或殖民地的政府的种种限制与留难，而东南亚的各地开发的工作也已相当有基础，不只需要大量劳动力的时代逐渐过去，所谓发财与找工作的机会也已减少，所以尽管海南的妇女得到解放而到南洋，但无论是在人口的增加上或谋生的机会上，都受到很大的限制。

海南人之在东南亚的，以马来亚为最多，其次为暹罗，再次为越南与印度尼西亚、柬埔寨、缅甸、老挝等处。在马来亚者差不多占了海南人之在海外者约为半数，这就是约为六十万。在暹罗者约为三十余至四十万。此外，越南约有十万。在印度尼西亚者也约为七八万。当然，在这些人中而尤其是在暹罗者，有了不少不只入了暹罗籍，而且有了不少当了暹罗官，有的不只不自认为中国人，而且排华比之暹罗人尤为积极。

海南人之侨居于海外者，可以说是差不多处处都有。所谓世界五大洲，没有一洲不有海南人。亚洲除了东南亚之外，在日本、在朝鲜、在印度、在巴基斯坦都有海南人。欧洲各国，凡是有海岸线或港口的国家，可以说是都有海南人。美洲的美国，以至加拿大与南美也有不少海南人。澳大利亚，特别是从第二次世界大战以后，海南人之侨居者为数不少。非洲的北部，以至东部也有一些海南人。

一九三一年的夏天，我与吾妻带女从德国的汉堡乘船回国，在汉堡遇到几位海南人，据说在该处有好十数位海南人，还有娶德妇为妻的。我所乘的船经比利时的安特渥普港 Antwerp，这艘船是一艘游览船，每到一个港口至少总停一二天。船上设备很好，有为人看小孩的看护士，乘客每到一港，可以上岸，甚至在岸上过夜，有小孩的可以交给护士看管。在安特渥普，船停三天，我们到比京有尔塞尔 Brussels 与好多地方参观游玩。第三天开船的时间是下午四时，我家中午到了一个广东饭店吃中国饭，招待员问我是广东那里人，我说我是海南人，他没说什么。我们吃完了还到一个地方看看，下午二时回船。到了下午二时半，忽然从岸上来了一位年约五十的中国人上船来找我，他一见我就用海南话大骂我一顿，凡是海南人骂人最毒的话他都用完，"贱狗""奴才"通通都说出来。起初使我十分惊讶，他一直不停骂下去，使我没有机会去插口。但骂了数句之后，我注意到他的眼睛流下眼泪，我更为奇怪，镇静的听下去。不久他又说："像你这种读了孔夫子书又读了西洋书，最普通的人情世故都还不懂，这样读书有什么用呢？"最后他说："你到了这个地方，又到广东馆子吃饭，不会问问这个地方有否海南人，看来你是忘本不认［为］海南了。你想想，我们这里有十多位海南同乡久居外邦，少见乡亲，假使你第一天能够查问查问有否海南人——你随便问，在这里那一位中国人都知道我们，我可以通知他们大家聚会聚会，吃顿便饭，谈谈乡情，岂非很好？现在船即要开，我来不及通知其他各乡同乡，更谈不到聚会一下，这都是因你不懂人情世故的结果。"

他手里拿了一大包东西，吃的、小孩玩的，交给与我。原来我们一离饭店，他也即到饭店，招待员告诉他，有位乘客是海南人来吃饭，他即赶到船上，可是我们还没有回来，他在船上时，了解而且看到我的女孩曼仙——她才数个月大，他立刻又跑到岸上买小孩玩的东西，买一些食物。我后来明白他骂我与流泪的原因。我虽然没有想到会有海南人在这里，就是想到了也不一定去麻烦人家，可是他的浓厚的乡情使我十分感动。在谈话中，我们发现我们不只是海南同乡，而是隔村的邻人。他出洋三十多年，他出洋时，我还未出世，可是他知道我父亲名字，也知道我村中的一些事情，这样更使他觉得难过。在船离岸前十分钟，他紧紧握我的手说："以后凡到一个地方，应该查问查问有否同乡，你可能对于此事不大介意，但像我与住在这里的海南人如能与你聚会聚会，是多么高兴，我希望你还有机会再来这个地方。"说到这里，他很快的接着说："否否，以后恐怕不会有这机会。"话没说完，眼泪又流下来。

后来我经过好多地方，我往往也打听打听有否海南同乡。我发现在好多的大港口都有或多或少的海南人。他们大多数是船员，他们在每个大港口都租了一个地方当为临时寓居的地方，有的暂时没有工作或正在等船到达然后上船工作的，也寓居在这个地方，也有一些居留在这些港口作为"坐办"。坐办者，在这个港口买货交给船员带到另一港口出卖，或接受船员从他处带来的货物而在这个港口出卖。应该指出，这都不是正式的进出口商，而只是买卖少量的货物，有时也是不正当的事情，利用船上的船员当为自用的东西而随身带来带去，纸币、黄金，以及一些量少价昂的东西，是他们做买卖的对象。

在抗战时期，我经过现在的巴基斯坦的喀拉奇 Karachi 以及非洲西北部的卡萨布郎克 Casablanca，我都遇到好几位海南人。在美国的纽约，有一天琼崖同乡会请我吃饭，来了三百多人。同乡会有二座宽大的三层楼的房子。据说海南人之在纽约者有千余人。

海南是我国最南的地方，地居亚热带，其气候、物产与东南亚各处差不多一样。现在一般人所称的海南人（别于黎、苗等），是从我国大陆或北部逐渐迁移而来，从我国历史上来看，我国的移民趋势大致上可以说是从北到南，海南人也可以说是这种迁移的方向上的先锋。海南在历史上既被人称为炎热瘴气之地，而为一般人所不愿意寓居的地方，说明了这一般人对于海南的环境感到不易适应。相反的，能在海南定居下去的海南人，也可以说是已经适应于这个地方。东南亚各地的环境（像气候、物产），既与海南差不多，海南人之到这些地方的也比较易于适应。又海南是一个岛屿，孤悬海外，四面环海，除黎、苗之外，海南人绝大部分是环海而居，他们不只惯于海上生活，而且很多靠海为生，航海为业。东南亚各国处于南海或南洋，海南既在南海之滨，这就是在其北边既有海道可通，而有的地区又距离较近，所以海南人之航行于这些地方的较为方便。其实在历史上，海南的航行者，其船舶之因风而吹到越南半岛沿岸者就不知多少。当然，越南半岛的船舶之被风吹到海南岛的也有不少。因而海南人不只容易适应于东南亚各处，而且对于这些地方认识已久。

因此之故，在东南亚各处的开辟史上，海南人又很多成为发展地方的先锋队。

我们可以把暹罗来当例子加以解释。比方在暹罗北部的南邦 Lampung，这是到北边的清迈 Chiengmai 与到东北的清莱 Chiengrai 与清线 Chiengsen 的交叉点，最初到这个地方的几乎都是海南人。在那个时候，到曼谷、到清迈的铁路固还未建成，而经过这个地方到东北部的清莱与清线的公路也还未开辟，海南人之到这个地方的，最先是搜集山货，所谓山货就是从深山大林中所采来的如玉桂、如虎皮、等等。他们到了这里，从土人所带出来的山货收集起来，然后设法运到曼谷出卖。起初他们是按照季度而来，一年约来一两次，后来有些人就留居在这个地方。海南人因为同乡的关系愈来愈多，于是除了采办山货之外，有的做别的生意，把曼谷一些杂货运到这里卖给当地人民，还有的收集当地稻米，开小形〔型〕米较（碾米厂），又有的采取附近的木材，特别是著名的柚木，开小形〔型〕的锯木厂。这样，来人愈多，当地人民（北部的佬人也为泰族的一种，而却与统治暹罗的泰族不只体质有所不同，语言也有了差别）之到这个地方居住者也愈来愈多，这样，各行各业都发展起来而成为一个城市。直到一九三五年我到这个地方的时候，海南人都是很多，而当时的南邦已成为暹罗北部的一个交通要冲与重要城市。

此外，又如大城 Ayuthia 之北的班搭拉 Ban Dara，这个小城市原来是一个荒芜的地方，最初有了一位海南人与其亲戚在这里开一间小店，供给一些日常必需的物品与这个地方附近的当地，后来者日多，在一九三五年我到这个地方的时候已是一个小市集，有好几十家海南人在这里做生意与居住。

而且有了不少海南人，有的三二成队，有的只身个人跑入深山丛山去找山货，或与当地人收买山货，往往冒了生命的危险——不只盗贼或猛兽可以伤害其生命，而且可能染了各种疾病而致死，而其入息却不一定很好。我曾〔见〕过一位这样的人，他出入于这种地方十多年，本来已有不少积蓄，而且在曼谷还开一个山货商店，妻子儿女，家庭生活也很美满，他事实上可以住在城市当老板，让别人去采购这些货物，可是他自己惯于山林生活，热爱山林生活，隔了一年二年，他自己总喜欢跑到山中一次。他会打猎，他自己猎得的兽皮或兽角，他总当为无价之宝陈列起来，给与友朋看看，很少出卖。

又如在柬埔寨的逢打叻 Pong Darat，这是介在河仙 Ha Tien 与公佛 Kampat 之间的一个城市。起初只有数家土人结茅为屋，后来有的海南人到了这里种植胡椒，因为胡椒需要日多，价格日高，海南人经营此业者不胜其数。除大批的海南人在这里经营各种职业或住家外，他们还在这个城市的北边，这就是从柬埔寨都城金塔到这里的公路旁边开辟土城，逢打叻在三十多年前已是一个二三千人的城市，土城也有百数十家。

再如在逢打叻附近的白马 Kep，这是一个港口。海南清澜、铺前等处的帆船多到这个地方，以及附近的河仙。帆船本来是每年到这里一次，因而又有些海南人在这开设铺店做"九八"生意（九八者，帆船运货物由店经卖，抽拥费百分之二，而给百分之九十八与货主也），也有的开咖啡店、各式各样店铺。这个港口不大，水也不深，但帆船可以出入无阻，而港内风景十分优美，海滨沙滩成片，一望无涯。在法国殖民主义者统治的时代，还在这里开设游泳场。海滨的还有一小山，他们又开设一间酒店，酒店的厨子、招待员均为海南人。从山上看海，风景宜人，南望大海真壮观也。这是一个小城市，茅屋数十家，靠近海滨，海利丰富，生活便宜。

其实，就是像较大的公佛城市，最早而最多之到这里的人们，也是海南人。这是柬埔寨的一个大港口，海南人既惯于海上生活，故东南亚各处的港口多有海南船舶出入。同时，海南人虽然是环居海南岛的沿岸一带，但他们又惯于深入黎人所住的地方，深入五指山区，因而到东南亚之后，他们也能适应于深山丛林。

海南人既有冒险精神，又容易于接受新思想。在东南亚的海南人容易于接受新思想，是与他们的职业有了密切的关系。上面已经说过，四十余年前的海南人之到这一带地方的，因为不能带妻子，所以三年五年就要回乡一次，这样使他们长久成为工人，不易成为资本家，以至小商人。马来亚的火车上、轮船上，以至酒店里的炊事员、招待员，几乎都是海南人。欧洲人、美洲人的家庭中的炊事员以至打杂工人，也多是海南人。湄南河上的运谷船的船员也多是海南人。他们当时既少有家眷，在东南亚他们住的地方、吃的地方、玩的时候，或多或少都是集体生活。他们创办夜校、书报社、俱乐部或各色各样的会社，在吸收新思想、新智识上比较容易。辛亥革命、倒袁运动，同盟会、国民〈党〉派了很多宣传工作人员之到东南亚者，往往利用他们这些学校、会社作为宣传的据点。

后来共产主义也很快的传播到这些学校与会社。英国、荷兰、法国殖民地政府，往往以为凡是年青的海南人都是共产党人或是受过共产党的影响，所以他们对于海南人之到其殖民〈地〉者特别加以注意，特别加以留难。一九三三年我到越南西贡，到岸时移民局检查护照，一位越南翻译员看到我的护照上写的是海南人，是大学教授，他立刻告诉一位法国检查员说："呵，你看你看，是海南人，又是一位教授，一定是过激分子，多么危险！"曾任职于新嘉坡的移民局的巴士尔 Parcell 就指出，入共产党最多的是海南人。

海南的好多人，而尤其是工人，既惯于集体的生活，而且这种生活历史又久，尽管后来海南岛的妇女可以到东南亚各处，这些原来是单身在海外者，现在有了家眷同住，可是他们并不因照顾家庭而放弃这种集体生活。一九四九年之前，我几乎每一二年到东南亚一次，我看到海南人所组织的会社数目增加了，不只年青人参加，四五十岁以至六七十岁的人也有不少参加。

海南人与其他的华侨一样，出国的时候绝大多数的人们是年富力强的时代。海南人既因环境的关系而比较有冒险的精神与容易接受新思想，尽管他们在出国的时候没有或很少受过教育，但是到了东南亚之后，他们之中有了很多不只努力与很快的学习当地的言语文字，而且尽量在晚间业余的时候学习中文，学习欧西文字，钻研技术，讲求专业。比方我在暹罗认识了一位很著名的药房主人黄有鸾，他十余岁从海南岛到暹罗，最初是做零工，后来在一家药房中当学徒，他很快学习暹话、暹文。在国内时虽然读过一二年书，但认字不多，到暹罗后他勤于阅读书报，学习写作，中文也进步了。他因为职业需要认识外文，他又苦读英文，一九三三年我到暹罗时，他已能说较为流利的英语，而且又能阅读一般报章杂志，至于暹话暹文更不用说。又因为他原在药房当学徒，他不只对于药物很为熟识，他对于病理也有富丰的智识，他没有学过医，可是他可以医治一般普通的疾病。

第一次欧战之后，他做了药房经理，他成为曼谷的社会活动的积极分子。他在海南岛乡下结婚，妻子原在乡下耕农，后来他带她到暹罗。有一天，我到他的药房坐谈，他对我说："请你跟我上楼看看我的乡下婆。"我起初也以为既然是从乡间来，没有受过教育，可能到了暹罗之后只是管管家务而已，可是见面之后使我觉到我的想法完全错误。她是一位精明活泼的妇女，她不只对于西药有很广泛的智识，她对于好多事物都有其特殊的见解，她根本不像一位乡下出来的妇女。这位经理在谈话，忽然与其夫人说："今晚某处有个晚会，我们请陈先生同参加，他（指我）是留学生，你可与他学学跳舞。"我是不会跳舞的，这就是我难堪了。我说"我不会跳舞"，她说"你客气了"，我说"你一定跳得很好"，她说"我学会了一点"。说到这里，这位经理开始告诉："当她初来时不只暹话不懂，连路也不会行，现在已懂暹话暹文，也懂一些英文，能说广州、潮州话，我不在曼谷时，药房的事全由她管（这是当时暹罗最大的药房）。"他最后说："乡下婆变了。"她笑说："否，否，他（指丈夫）嘴里这样说，心里不见得如此，他始终当我乡下婆看待。"

又如新嘉坡的韩槐准先生，小年在海南岛读了小学就到新嘉坡，在该处的最大的神农药房当学徒。他勤于工作，勤于求学，药房的业务、医药的用途，以至化学上的基本智识，他都搞得很熟识。他后来又注意到考古问题，对于古物的化验工作作了不少工夫。在新嘉坡郊外还未发达的时候，他找了一块荒地盖起房舍，全家搬到这里，养猪、养鸡、种菜，而对于红毛荔枝（红毛丹）的种植、接枝的技术尤致力去研究。他的红毛荔枝所结的果实成为马来亚最好的果子，他用各种各样的方法去接枝、传种，成为南洋一个有名的红毛荔枝的专家，各处之栽培此种果的都纷纷与他取果树苗。他嗜欲考古，对于马来亚、印度尼西亚的古物、古迹作过很多调查。他学习马来语、马来文，他也学习英文，使书本的智识与调查的工作能相结合。新嘉坡的博物院，以及马来亚的考古学者对于他的工作都很重视，发现一些古物而鉴定时，往往也请他参加。他对于中国历史上的磁器之输出国外的尤多研究，他写了很多文章发表于《南洋学报》与其他刊物。

他颜其所居的地方曰"愚趣园"。果园数亩，茅屋数间，靠近郊外公路旁边，离市区颇远，但交通较便，当地中外人士经常到这个地方参观座谈，国内的文人画家，尤其是在抗战时期经常出入他的住处，徐悲鸿是其中一个。他现在已七十五，数年以前他把新嘉坡所有东西能带回的带回，不能带回者变卖，全家回到祖国，现在住在北京，继续作考古的实地调查与潜心著作。

我在这里不过随便的举出一二个例子，其实像这样的人物为数很多，说明人可以学而知。一个人小年环境无论如何艰苦，但有适当机会时，他可以发展起来而变为另一个人。同时也说明学校教育固是重要，但社会教育也可以使一个没有受过或很少受过学校教育的人成为一个专家或突出人物。

然而在我长期与海南的侨胞的接触的过程中，我发现了他们（当然也包括了我自己）有了不少缺点。

首先是缺乏忍耐性。文昌人有句话叫做"文昌哄"，意思是文昌人对于工作只是哄然一下，干不能坚持下去，只有所谓五分钟的热情，没有忍耐作下去的精神。就以上面所说的由海南人开辟的地方来说，海南人开辟一个地方稍为繁荣之后，他们为了各种原因可能又移之他处，有的时候有些潮州或福建人来了，慢慢的使这个地方的各种生意都为潮州、福建人所收买或垄断，使海南人站不住脚，于是不得不另找新的地方去开辟，海南人自己也说屁股没坐稳却为别人抢了坐位。我在东南亚各处也参观了好多学校——侨胞办的或是西人办的，海南子弟之在校者读书多列前茅，有的家庭状况很好，可以维持下去，也可以升学，但这些读书读得很好的青年有了很多中途就离开学校，使其前功尽费。至于作工或就业的不少，年青的人也多不安于位，做了一件工作不久又要换工作，说是另找职业，企展鸿图，其实往往是一生庸庸碌碌，一无所成。他们有冒险的精神，有接受新思想、新东西的欲望，只要坚忍下去，像上面所举那二个例子，那么海南侨胞所得的成就，比之今日当不知多少倍。

虽然以往三五年总要回家一次，使海南侨胞难有储蓄，此四十年来的情形已经改变，家在海南的可以带眷同住，这也是原因之一，使海南人四十年来在东南亚的经济力量比之四十年前好转得多。但海南侨胞的经济力量远比不上潮洲、福建的侨胞，虽说发大财的机会没有四十年前那么好，然而海南侨胞不象潮州、福建的侨胞那么俭约，照我看起来，也是他们的经济力量薄弱的主要原因之一。海南侨胞尤其是文昌的侨胞，一般的说讲究吃好穿好，薪水一到手，很速就化光，有的往往挪用下月薪水，这样永不储蓄。相反的，凡是很能俭约的人，做了十年八年工作，没有不有或多或少的储蓄。我做小孩时，在我父亲的新嘉坡的店中，有一位符载鸿伯伯，他所穿的衣服是深灰色，他洗衣服时不用肥皂而用火灰，我问他："符伯伯，你为什么不用番枧（肥皂）洗衣服？"他提起头来用教训的面色对我说："孩子，你不懂得番枧也要用火灰做，有了火灰，何必化钱去买番枧。"我把这件〈事〉告诉我父亲，父亲说这是载鸿伯伯发财致富的主要原因之一。父亲还告诉我，载鸿伯伯在海南岛乡下时，除了过新年或参加喜事，如结婚等外，从不穿鞋。他上县城或市镇时，把鞋放在他的竹织小筐中，将到城镇时，有水处他就到水边洗脚，没有水可洗，他到草地上把脚擦得干干净净，用一张旧纸放在鞋中，然后穿上。父亲又说："假使我能这样的作，我的家产比之他的可能更多。"

"少年立志出乡关，学不成名我不还。埋骨何须桑梓地，人生无处不青山。"小年在报章上读某君此首出洋留学诗，甚为志驰神往，后来就读穗、沪、留美、留欧，尝欲实现此志，然十载寒窗几乎一无所成，真耻见海南也。我年小赴叻，长而求学，离乡四十载，虽学无长进，但去乡愈久愈远而思乡之情愈为殷切，近十年来回乡数次，此情更易滋长，岂年纪愈深而愈增益之耶？因略将其所能记忆之印象草为《珠崖篇》，以为留念焉。

往来书信

目　　录

一、陈序经致他人书信 …………………………………………… 53
　　致胡适一通 …………………………………………………… 53
　　致梁方仲一通 ………………………………………………… 54
　　致明燊一通 …………………………………………………… 55
　　致任先一通 …………………………………………………… 55
　　致《世纪评论》编辑一通 …………………………………… 56
　　致陶铸一通 …………………………………………………… 56
　　致王阑西一通 ………………………………………………… 58
　　致王振芳一通 ………………………………………………… 58
　　致臧伯平一通 ………………………………………………… 58
　　致张伯苓电 …………………………………………………… 59
　　致周其勋一通 ………………………………………………… 59

二、他人致陈序经书信 …………………………………………… 60
　　鲍觉民信一通 ………………………………………………… 60
　　岑家梧函一通 ………………………………………………… 61
　　陈达信一通 …………………………………………………… 61
　　陈德芸信一通 ………………………………………………… 62
　　陈盛德信一通 ………………………………………………… 62
　　陈受颐信五通 ………………………………………………… 63
　　陈同度信一通 ………………………………………………… 67
　　陈新泰信一通 ………………………………………………… 67
　　陈序安信一通 ………………………………………………… 68
　　国庆信一通 …………………………………………………… 69
　　鸿丰信一通 …………………………………………………… 70

华南农学院筹备委员会信一通 …………………………………… 70

黄启明信一通 …………………………………………………… 71

季福生信一通 …………………………………………………… 71

乐生信一通 ……………………………………………………… 72

林超、周颐、李柏昊等电一通 …………………………………… 73

林东旸信一通 …………………………………………………… 73

林少明信一通 …………………………………………………… 74

刘节信一通 ……………………………………………………… 75

刘君煌信一通 …………………………………………………… 75

卢华焕信一通 …………………………………………………… 76

明兆信一通 ……………………………………………………… 76

司徒森信一通 …………………………………………………… 77

苏继顾信两通 …………………………………………………… 78

谭彼岸信一通 …………………………………………………… 79

谭春霖信一通 …………………………………………………… 79

谭沃心信一通 …………………………………………………… 80

王亦鹤信一通 …………………………………………………… 81

吴保安信一通 …………………………………………………… 81

吴大任信一通 …………………………………………………… 82

徐德美信一通 …………………………………………………… 83

许天禄信一通 …………………………………………………… 84

尤□仙信一通 …………………………………………………… 85

张伯苓信一通 …………………………………………………… 85

张纯明信一通 …………………………………………………… 86

张德光信一通 …………………………………………………… 87

张镜辉信一通 …………………………………………………… 87

钟荣光信一通 …………………………………………………… 88

周冠军信两通 …………………………………………………… 88

周思兼信一通 …………………………………………………… 89

周诒春信一通 …………………………………………………… 90
朱杰勤信一通 …………………………………………………… 90
祝民信一通 ……………………………………………………… 91
邹鲁信两通 ……………………………………………………… 92

一、陈序经致他人书信

致胡适一通

适之先生：

我对于大作《答陈序经先生》(《独立评论》一六〇号)一文里所提出的两点，略欲有所说明，未知先生允许我否？

第一，先生好像以为我不当把硬性的"全盘"两字来弹性化。这恐怕是一个小误会。我在拙著《全盘西化的辩护》里"指出在所谓百分之九十九，或九十五的情形之下还可以叫做全盘"，只是一种普通的说法。这种普通的说法，不外是从先生所谓"严格说来"那句话推衍而来。严格是普通的对峙名词；有了严格，当有普通。先生既声明百分之一百是严格的"全盘"，那么先生似也不能否认我所指出的百分之九十九，或九十五是一种"普通的全盘"。先生所谓硬性，大概就是严格的说法。先生所谓弹性，大概就是一种普通的说法。至于我个人，既已声明同情于先生的严格的说法，而又相信"百分之一百的全盘西化，不但有可能性，而且是一个较为完善，较少危险的文化的出路"。

第二，先生以为我轻视理智，大概是只着重于我所说"理智往往也是无所施其技"那句话。我当时本拟用"有时"两字来替代"往往"两字。可是经过不少的考虑后，终用了"往往"两字。因为我在这句话里所说的理智是"在优胜劣败的文化变动的历程之中"(按此本先生话)的理智。这个理智可以说是我们"固有"的理智，也就是我曾紧接着指出的"我们三百余年来不要基督教的理智"。除了这种理智外，还有一种"西化"的理智，这就是像我所说"我们今日承认基督教比我们的道教佛教高明的多多的理智"。

而况所谓"优胜(西)劣败(中)的文化变动的历程之中"的认识，就是一种"理智"的认识。正是为了这种认识，我们才主张全盘西化。先生所主张的充分西化，是很近于全盘西化的。先生既承认充分西化是理智的认识，先生似不能否认全盘西化，也是理智的认识。理智既使我们明白西洋文化是优胜的文化，中国文化是劣败的文化，而主张全盘西化，那么所谓反对全盘西化的理智，无疑的是我们固有的理智，或是"往往也无所施其技"的理智。

其实，要是我们承认理智在西洋文化里的成分较多，位置较重要，那么主张充分西化的人，固不会轻视理智，主张全盘西化的人，更不会轻视理智。至说西洋文化中有许多部分，虽然是不合理性的，那只可以说是以西洋或西化的眼光去批评西洋文化。因为比较上，我们还不能不承认，比方结婚的仪节中，如西洋新妇披面纱，来宾掷碎米的习惯，还不若如我们新妇坐红轿，来宾闹洞房的陋俗之不合理。

  总之，我在这里只想声明我并不轻视理性，在大体上是赞同先生的意见的。

陈序经敬上

  耿云志主编《胡适遗稿及秘藏书信》第35册，黄山书社1994年版，第346～348页。

致梁方仲一通

方仲兄：

  来信得收，你关心我的工作，关心家人康健，至为感铭。关于岭南校史，我是在再三说服的情况之下才同意谈谈。我与他们谈了三次。除第一次外，其他二次都谈不多。当时只想说明钟荣光与美帝份子斗争经过，但他们要求高而多，现在看起来还要全面，这是我没有料到。因为当时声明每人谈一点一滴一个题目，应该说正如你所说，我说出的话会为岭南辩护，这是主观主义。他们从各方面找材料，比我清楚又全面，请兄为我告诉潘同志们，他们可以把有关美帝出钱少而收效多①这一点的材料增加进去，删去其他有为岭南辩护的方面。潘国讽同志在市政协工作，办公处在沙面旧英领事馆楼下，电话为12207，你可到我家用电话联系。

  我到此后心情十分不安，真有点作不下去，可是作为一个干部，要服务组织，奈何！奈何！我始终没有到过北京，亚非学会理事会原定十一月中开会，但最近得通知改期至明年。听说全国政协无论如何本年底将开一次会，但现在距年底也不远，我打算开会后就回广州，如会不开，我也定春节前回去。我盼你春节后北来，据说今年北方冬天将比往年更冷，下雪更多，所以希望吾兄待严冬过后才来，同时我也有机会在广州与兄多谈谈。小七带有信否，叶小姐经常回康乐否，嫂夫人现况如何，均在念中。听说郭老也下乡，不知属实否？专此即颂

---

① 校按：着重号为作者所加。

康健

周一良父亲周叔弢（天津副市长）一再说我的工作主要在北京。

弟序经
十一、廿八

中山大学图书馆藏陈序经手稿书信资料，编号：CXJ0127。

致明燊一通[①]

明燊同志：

我日昨由云南回广州，欲约一时间与您谈谈，接此信后请您与我通通电话。八月二日星期日上午十一时前，我在中山大学住家（东北区十七号）。如您能来，至所欣迎。来时可在校门口用电话通知我，当叫小孩去接迎（十四号车直到校门）。专此即致

敬礼

陈序经启
七、卅

中山大学图书馆藏陈序经手稿书信资料，编号：CXJ0086。

致任先一通

任先生：

《东南亚古史初论》已校对，特奉上，请察收。样本纸张等等，均与以前所印者一样。此书本有"附记"一篇，送稿付印时，忘记夹入，现在寄上，盼排印在本书后面。《越南史料初辑》一书，初步已整理好，但不准备（至少暂时）付印。今后还想完成四本，如附记所说，共十二本，但东南亚的古代国家，其主

---

① 编注："明燊"姓氏不详。

要的都已见于八本。数年以来，为了印刷这数书，不知费您多少时间与精神，既十分感铭，又深深不安。我以后工作主要在天津、北京，如有机会回内地，盼先函告，以便安排会面。专此至颂

春好

> 序经敬启
> 二月十日

中山大学图书馆藏陈序经手稿书信资料，编号：CXJ0028。

致《世纪评论》编辑一通[①]

××吾兄：

《世纪评论》三卷二期，至今没有收到。顷在图书馆读该期所发表《张东荪先生来函》，始知张先生对我有了误会，不得不说明。我在《选举·宪政与东西文化》一文中，引了张先生数段话之后，曾说"若照张东荪先生这种说法却等于西学为体中学为用的主张了"，并非说他主张"中学为体西学为用"。大约他没有细心去读这段话，使他有了误会，这真是"差之毫厘，谬之千里"了。顺颂

编安

> 弟陈序经敬启
> 二月十四日

《世纪评论》第3卷第8期，1948年2月21日，第13页。

致陶铸一通

陶书记：

日前会谈至为感动，十余年来，得您的不断与无微不至的关怀与照顾，衷心

---

① 编注：该信原标题为《陈序经先生来函》。

感铭。十年以来，我除学校行政工作之外，几乎每天从早晨四时半至七时进行两项工作，一为匈奴史，一为东南亚历史。匈奴被汉朝打败之后，经中亚细亚到欧洲，先打跨〔垮〕东罗马帝国，在现在的匈牙利建立王朝，又打到现在的德国，以至法国的巴黎，对于欧洲的种族迁移，以至好多方面有极大的影响，可是我国典籍只载其与我国的关系，而西方的著作又只记其在欧洲的活动。我在德国时就注意到这个问题，解放以后我把两方面的材料整理起来，约有八十万言，盼望再有二年时间去作修改。虽然这是古代历史，但在世界史上与我国史上有极重大的意义。至于东南亚历史，我计画写八本，已草完六本，还有两本约需二年时间可以完成。这笔工作从现在看起来很有现实的意义。去年柬埔寨西哈努克亲王的私人顾问松山在与西哈努克亲王访问我国时，曾通过外交部的联系来广州与我谈过好几个钟头关于柬埔寨的历史。

在目前来说，这两项工作而尤其是东南亚的历史参考资料，除我自己所藏者外，中山大学也有很多，所以写作以广州为适宜。前年您要我到暨南工作，我最初所以踌躇不决者，不外是怕到暨南后对于这些工作有影响耳，最近听说可能调到北方，情绪波动更大，仍是为此。我的愿望是至少暂时不离开广东。暨南工作由杨康华部长去主，我不去或暂时不去南开，留在或暂留在中山大学，至少照顾我二年的时间，以便完成东南亚史的工作。至于匈奴史，可以推迟或将来到北方后再修改。我的理论水平低，从事这些工作定有很多或很大的错误，但当为资料来看，似乎还有参考的价值。

我年逾六十，应该争取在这数年内完成这些工作，再迟恐怕精神衰退，将有心有余而力不足之叹。又，我离开暨南，工作量减少，可以用一部分的时间多读马列主义与毛主席的著作，提高思想，对于写作也有帮助。现在大学教授有不少休假一年的办法，我从做助教至今已四十年，请求二年的时间以完成生平的一点愿望或未太过。如北京研究机构需要我在这时期中到京帮忙工作，我仍可随时前往。

这是主观看法，如领导同志仍觉得我该早日到北京，我亦必定遵命。专此即致
敬礼

　　　　　　　　　　　　　　　　　　　　　　　序经敬启
　　　　　　　　　　　　　　　　　　　　　　　三月九日

中山大学图书馆藏陈序经手稿书信资料，编号：CXJ0166。

致王阑西一通

阑西部长：

我的儿子其津已回抵广州。他于本月八日到省委文教部，据办公室负责同志说，候您回后办理。昨日工学院教务长冯秉铨表示，希望其津即到该院，不知您能否通知办公室负责同志为他办理应办手续，以便早日到工作岗位。此事得您特别照顾，至为感铭，专此即致

敬礼

序经敬启

五、十八

中山大学图书馆藏陈序经手稿书信资料，编号：CXJ0108。

致王振芳一通

振芳吾兄：

兹有本校今年经济系毕业生李世伟，粤人，现首途返广州，甚想能在贵行或其他经济方面之机关任职，特为介绍，如有机会，请兄提拔为感。

此敬祝暑安

弟序经敬上

七月五日

南开大学高等教育研究所编《东方振兴与西化之路：纪念陈序经诞辰一百周年论集》，南开大学出版社2004年版，第18～19页。

致臧伯平一通

伯平书记：

回穗以来已有三周，全部时间几乎都用以收拾与整理书稿，但进度很慢，无

论如何，二月十五至廿日之间当必离穗北上。广州今年春节简化得多，惟花市之热闹、食品之繁多不减往年。天气犹如夏季，街上行人不少，只穿白色单衣，这是很多年来的少见现象。专此并致
敬礼

                 序经敬启
                 二月二日

中山大学图书馆藏陈序经手稿书信资料，编号：CXJ0107。

致张伯苓电[①]

重庆南开中学张校长钧鉴：

  港电，书仪栈费港币1700元，数较大，联大预算少，须我垫付，请径汇潘述庵全数即可启运。石、经、钰。

梁吉生、张兰普编《张伯苓私档全宗》（中卷），中国档案出版社2009年版，第1058页。

致周其勋一通

其勋兄：

  示敬悉。我经南宁时间约为七月廿日，离昆明前当必电告，以便代定房间。在南宁时间约三四天，住处可在国际旅行社。

中山大学图书馆藏陈序经手稿书信资料，编号：CXJ0087。

---

① 编注：此电写于1938年。该电原标题为《杨石先、陈序经、黄钰生致张伯苓电》。

二、他人致陈序经书信

鲍觉民信一通

序经先生：

手示奉悉，淬廉先生此次过港，务请苦劝接受返校之请，否则以后情况诚难想像。如淬廉先生不愿久于其位，亦望能来先办两三年，一切即可走上轨道。日前校长虽约集重要同仁十余人谈话，似纯为解释电何返校之经过。其中提到教部之困难，不得不遴选一人以自代，"我想淬廉很好，正好序经到京亦甚赞成，因此决定电美相约"（大意如此）。昨日子坚先生与民谈及，亦谓"此次Franklin是否肯来，就要看序经九月三日到港后凭其三寸不烂之舌以劝驾如何耳"。校中多半揣测校长此次之重大决定与先生南京之行大有关系，特此附告。淬廉先生来校，多数教员及全部学生均表欢迎，内部决无问题。

周新民兄决定不来（附函参考），而胡鲁声先生又已去杭，今年诚为十分困难，所幸原定各课仍能全部开齐，不日可将课程表寄奉，惟冯恩荣、何格恩两先生至今尚未到校，极为焦念，务请转烦即日北来，否则更将不得了矣。蒋硕杰兄就沪中央银行之约，已辞北大教授，南开更不待言。下年清华经济系只有陈、刘、赵、戴四人（毓枬休假出国），北大亦只有赵、周（枚荪）、樊、陈（周作仁休假）四人。相形之下，南开尚算最为充实，此亦无可奈何中之自慰耳。曼仙未考取甚歉，今年一律无通融（王洪炘因相差不多，由民作主录取）。想能原宥之也。匆此敬请
旅安

晚学觉民敬上
八、廿九

中山大学图书馆藏陈序经手稿书信资料，编号：CXJ0123。

岑家梧函一通①

序经先生尊鉴：

奉读手示，敬悉有美洲之行，可喜可贺，将来当有伟大收获，可预卜也。黄凌霜先生近惠书，又以大著《文化学》出版为言。鄙意不如由梧详细代为整理一遍（修改文字并加绪言），先将存梧处之一册交商务发表（书名请拟定）。若荷同意，梧固愿效劳也。梧近以课务过劳，时感不适，幸暑期将届，决作一番休息（何其拔兄已抵此共事）。近除整理调查材料外，正从事翻译 Penniman 的 *A Hundred Years of Anthropology* 一书，约八、九月间可竣事。知强并闻抵美后通信处若何，至恳示知，梧下年大致仍留此。前令姨过此，招待不周，至歉，祈为致意。附奉凌霜先生函及社会研究部概况。大作是否愿意出版，便祈见示。

匆匆，即叩
双安

晚家梧再拜
来仪附叩
六月六日

岑家梧《岑家梧文集》（第三卷），海南出版社2017年版，第82页。

陈达信一通

序经老兄：

闻友人言，吾兄荣膺岭大校长之职，堪称公私双庆。兹有恳者，敝系本届毕业生欧阳鸿君，学课成绩甚优，人品端重。贵校社会系谅必有适当工作机会，特为介绍。顺颂
时祺

弟陈达谨启
三七、七、十二

---

① 校按：此函约写于1947年。标点稍作修正。

后示请寄清华大学人类学系胡庆钧先生转交

中山大学图书馆藏陈序经手稿书信资料，编号：CXJ0067。

陈德芸信一通

序经兄鉴：

顷阅《东方》，新年于《中国南方民族志考》载蛋族甚详，并悉郎擎霄曾著有《中国蛋族史》，何不提出本校图书馆购备一册，知阁下关心此问题，谨以奉告，并候
教安

弟德芸
一月十八

中山大学图书馆藏陈序经手稿书信资料，编号：CXJ0093。

陈盛德信一通

序经兄尊鉴：

启者于暑假梓旋后，因家庭事务匆匆，未得余刻与兄多聒谈，但每每造访龙门，得晋已有荣施，惟是日尚蒙兄邀去欢会，驾曾入校，而老子等忙碌应接，加以倾罍高谈畅饮，殆所谓座上宾常满，樽中酒不空，令人铭刻，固属靡涯。席后又得邀游城市，指示一切，而对弟未完学业，关心至切，亦有示将来学业前进方针，但彼时弟未得家兄主意，未能主决表明。未久吾兄远别桑梓校，旋近又数星期矣，想必兄同嫂等沿途安宁，早日抵校园。

近日读来家兄亲榆，知悉南岛形情日见冷淡，近迫而暂行停读以俟外方情形，旋机然后定方法。现弟隐居家园，束手无策，今望兄学识高深，远游广交，想必代谋一位相当职以暂为栖身之所，思必未使失仰耳。未知兄与海口岭南分校

校长相属否，能否介招〔绍〕一席在此也，可望不吝双鱼示我也。专请
善教

              弟盛德字送
            民廿一、七月、廿八日

中山大学图书馆藏陈序经手稿书信资料，编号：CXJ0063。

陈受颐信五通

一

序经仁弟如晤：

  大箸五本已于今晨接到，日间分访诸友，即当代为送赠，勿念。适之先生近患盲肠炎，病卧医院，但危险时期，已算安然渡过矣。前上一函，谅邀察览。北行之计，筹划如何？弟为定省计，离粤或多不便，但北平实在好处甚多。愿弟澄心细想，兄最喜欢者为充分之日光，天天如是，极少阴霾，于身体最有益处。其余白鸽每只一毫，鸡每只三毫以下，其他日常生活，比例低廉，于我辈清苦教员亦一胜处。弟性恬静，最怕应酬，北平直是桃源乐土矣。国家多难，吾辈既不能为国死，则当为国生，兄日来加倍读书，即基于此念。若求加功而酬酢相援，则真人生之苦事矣。弟近来身体若何，最以为念，粤地蒸湿，今年切勿太过用功，作为休假可也；吾弟年事壮盛，来日方长，毋贪一时苦读之痛快而置体健于不顾。前有一事欲托吾弟代办，梅翊强、荣辉昆仲前曾借去美金一百一十元，时历七载尚未清还，翊强不知何在，荣辉则在永汉路北三南中补习学校，呼卢喝雉，一掷百金，弟设法为我催讨务期必成为感。镜辉兄满胸韬略，想有以助弟措词等等也。南中有何异闻，有何近讯，甚望以时见告。嫂夫人对于北行之计态度如何？讲授之余，敬希赐覆。专此即颂

俪安

                受颐
              二月廿七日

中山大学图书馆藏陈序经手稿书信资料，编号：CXJ0114。

二

序经老弟箸席：

奉手教，忻喜之余，注念曷已。南大以数十年历史乃误于一二小人之倒行逆施，可胜愤感。尊箸迳寄适之先生，请其设法付印极佳。惟兄前日到胡宅小坐，尚未见其提及，未知是否迟于付邮，抑或投递有误（胡宅住址为北平后门内米粮库四号）。便中希一查为盼，南开经济学院由何廉、方显廷诸兄主持，精神既佳，工作亦好。彼方如诚意聘请，大可接受为明年计，且比北平为稍优。一则天津市面及居处较北平为整齐洁净，宜于幼婴；二则华北如有扰攘，较易措置。弟既挈眷同来，仍似可于此稍为注意。北大明年文法两科改组人选想有变更，吾弟既不愿讲授西史，则法科亦可谋一讲座。一俟新计划完成，当另行奉告也。（目下如已决意北来，则南开讲座尽可接受，以免贻误。且平津距离才数三时火车，北平一切便利亦易享受，我辈过从之乐亦几等于同在一城也。）观伟兄下年行止如何，有意北来否，弟极乐意在此接洽一切，希及早预告为盼。吾辈将来事业，纵使以南华为中心，而趁此年青之时暂来北方做事，亦不但无损，而有益私心。如是，未知吾弟以为然否。今年北平天气和暖，然日来骤寒，室内不温，执笔颇苦，夜间尤甚，一俟日间有暇，当再笔谈。专此敬候

教祺

嫂夫人前同此候安

受颐敬启
一月九日

中山大学图书馆藏陈序经手稿书信资料，编号：CXJ0115。

三

序经仁弟台览：

赐书敬悉一是。大箸已转交适之先生，彼极高兴。《中西文化观》仍当出付印以为导论，观伟兄所见正与颐同，日前晤颉刚先生，拟由朴社出版，继晤适之先生，伊谓此种书籍，宜注重流通，印刷讲究与否，犹在其次，"到底还是交商务印书馆好"，题字日间便可往取，跋文（我的）亦当从速改正。交商务时由适之先生介绍，大抵最迟月底寄沪，知关廑念，先以奉闻，颐结婚后，夫妻加倍作

工，为蜜月之替代。此地迫近战线，家国危机日日感受，自身既不能作其他的贡献，只有加倍努力，勤治所业。近日平均工作时间，每日十时以上，颇觉困倦，然非如此，心神即无以自安。北大前途岌岌，然颐亦无计划，幸同事依然努力，适之先生不受北大半文薪水，任文学院长与哲学教授，依然尽力办事，精神地讲学，最是感人。弟劝颐南归，共同奋斗，情殊可感，然颐正欲足下北来共事，而足下乃说我南徙？岭南尚有希望，颐个人亦非不愿回校，无如校方无诚意何？敬敦先生如属有意于颐，早应自动接洽矣，何待老弟之陈言？苟其不诚，虽言何益？此事恐不宜由观伟兄与弟提出，吾人踪迹密切，人所共知，假借发言，仍上受颐之数而已，近日时事刺激愈甚，教读之暇，时过适〈之〉先生晤谈，书斋促膝，午夜始返，深觉中国仍未睡醒，且比往昔为酣。甲午之后，国人尚知自咎自责，今乃不然。适之先生本一非常乐观之人，一月以来，言谈之间，常带悲叹之声调矣。然悲叹之余，亦惟有前瞻努力尔耳。两广独有些微希望，彼亦谓然，报效岭南一年，恐不易办到，但今秋由欧归国（此恐是开玩笑的条件而已），如颐在广州，则彼极愿勾留三四星期云云，此事只好到时再说，颐以为学校当专诚邀请也。（届时可发电往印度或河内，要之于途。）观伟兄交涉全部胜利，闻之喜慰：公道在人心，岭南亦尚知正义为何物。颐带来书籍，已大部寄回广州暂藏（寄存）岭南图书馆，不知有无因此而发生颐将返校之谣传与忧虑，亦我之所欲闻也。图书迁徙之后，北平已成废墟，研究工作，几于停顿，长日阅书，惟盘旋于基本故籍而已。匆匆走笔，即颂

箸祺

嫂夫人均此

受颐敬启
五月一日

中山大学图书馆藏陈序经手稿书信资料，编号：CXJ0116。

四

序经：

前信写成，久未奉寄。大箸已登出，想已看见，颐于文字略加修改，适之先生又删去承上起下的著书关照语，故与原来面目略有差异也。你有心致北来否？北大愿以副教授的名义敬聘（属史学系），月薪三百金，授课十时，得兼职六小时（每时酬报约二十元），如你有意，希即赐覆，然后再谈其详。上言待遇，系

最低限度。这并不是给尔开玩笑的。

受颐拜上
五月七日

中山大学图书馆藏陈序经手稿书信资料，编号：CXJ0117。

五

序经老弟如晤：

近获手书，忡忡无已。大箸接洽已妥，装潢方面不成问题，因新月书局亦愿讲究。目下困难，惟要适之先生及早交卷。彼近来极忙，文债高积，日间又须南行一趟。昨与晤谈，颐已提出限制，以岁秒为度，彼已含笑首肯，到时谅不至使吾辈失望也。颐今年亦忙个不了，授课时间虽已减为五点，但学系方面建设□□□。北大史系从前向无具体计划，自念食禄忠事之言，不得不一卖气力。今年新开一种试验，为多人合讲之中国通史，每周四时，成绩极佳，因讲者多为专门学者，观察史实多与传统的旧说殊科。因是一星期内自己亦要听讲两次，得益虽云不少，然两天下午于是牺牲，于自己读书办事都有牵掣矣。足下北来之愿无时不以为念，目下须细察经济前途，如无动摇，再向当道提出此事，勿以为念。足下多留南方片时，于学生益处亦多，大抵观伟兄与足下之言论深得学生之敬重。一时虽未见大效，然思路之改善其来也渐。此项文化种子之播散，亦不应忽视也。观伟兄向香所提之办法，颐极表同意，但不知香辈能接受否耳。据颐观察，香辈虽不完全了解近代高等教育之使命，然比诸小人等尚觉差胜一筹，弟等不妨随时晓以大义。最近黄启明、陈秋安二人代表校董会参观国内大学，在平约两星期。颐亦曾与晤谈多次，黄氏对于南大校长一席似有问鼎之心，亦奇闻也。赵恩赐括囊无咎无誉，苟长南大，或有受人愚弄之可能。然若能将学校大权交于委会，则亦于事无妨。钟氏施割之后病状如何，甚嚣尘上之继任问题有何新出之意见，便中并希详以见示。燕京博晨光曾因佛哈款项事南行，与有关各校接洽，未知已到岭南否，又未知香等如何对付？微闻哈佛燕京社诸人以岭南向无报告，去年会议香氏出席，措词又颇支吾，以此颇受疑虑，此次由博氏一穷究竟云云。香港大学在平招考国文系主任，不以礼聘，而以利诱，故都人士读报哗然，以为古今中外之怪事。南中教育真愈弄愈怪矣，秋安在此时曾询问何故不送聘书于观伟兄，据言半时关约已致送，而皇帝对于观伟兄则似乎不很高兴云云。此语出自秋安，其他大可寻味，附此相告，以作参考。明晨八时上课，今晚须早休息，暂

作结束。即颂

俪祉

            受颐拜手
            十一月二十日

中山大学图书馆藏陈序经手稿书信资料，编号：CXJ0118。

陈同度信一通

序经院长赐鉴：

  前阅报知荣转岭南大学任校长，欣忭无亟。弟天津市企业公司事已交待清楚，于上月来平，回北大医学院，仍任教职。国事如此，办工厂不易有成绩也。杜市长仍拟□拟帮忙，须暑假后再说也。兹有恳者协和医学校旧同事皮肤花柳副教授（Assistant Professor）穆瑞五先生，愿去广州任职岭南大学孙逸仙博士纪念医学院及其附属医院，如需行政人材，或内科或皮肤花柳科主任、教授等，穆大夫均能但〔担〕任。穆大夫系1925年协和医本科毕业生，曾去美哥伦比亚大学及瑞士Zurich University实习，经验学识均佳。弟愿作介绍，得暇请赐覆为荷。专此致恳，恭祝

教安

            学弟陈同度拜启
            五月廿七日晚

中山大学图书馆藏陈序经手稿书信资料，编号：CXJ0060。

陈新泰信一通

叔父大人：

  暌隔慈颜时经十载，孺慕之私与日具积，兹幸赴叻经暹，得瞻光仪，并赐训示，亦快甚感甚。仲元中学现迁广州市桥前。侄曾经奉书请求补发文凭，其回示于机场送别时，侄已交上，希查阅之，内云须教师二名保证。然侄南来十载，诸教师消息久已断绝，实难照办，兹寄上相片四张，故伏祈如何设法早日赐下，以

便应用。劳神之处，不胜感铭。专此顺颂

著安

                                              侄新泰上

                                          卅七年四月廿一日

    侄乃仲元第一届毕业生（当时校长为邝士采先生，先烈仲元先生之弟），时年廿二岁。民廿六年六月参加会考，成绩七十三分，而今民〈国〉廿八年逃亡广州湾时遗失。

中山大学图书馆藏陈序经手稿书信资料，编号：CXJ0059。

陈序安信一通

经弟鉴：

    近日接到十六日发来手书，各情均悉一切云及其津、曼仙、穗仙的情况，实在欣喜。其津昨日亦有信问安，函说孙儿如果有了爱人，一定带她返琼，与婆婆会谈，格外欣喜。说及以前满清尾民国初，铺前帆船已□大三四千担，一半往安铺办大小缸，大小镬碗，驶往暹属北未浪发沽办白米往叻。一半在地办烟草，首运往安南白马港发沽，以为糊椒〔胡椒〕用料。一半往安南公关办生猪、卤鸭旦往叻发沽，即清澜，帆船六七十只。一半船驶往凌水，纂桥办生猪、卤鸭旦往叻沽一半，船驶往安南公关办生猪、卤鸭旦往叻沽一半，在本港办牛素名八持僚，并什种□素，并大小石磨，驶往暹属北未浪沽办白米，出叻沽办什货、布□、车糖、面粉、大□驶往安南迫石办生猪、白米返叻，并一半船由迫石办田鱼干返叻沽大坡。福建人郑亚一上洋返港而言，一半船由蚊国溪办石盐、木料、川白米、牛骨上洋。一半船由安南迫石办白米上洋，一半船由英属关丹，办石子、板梛上洋，一半船往英属东势青劳越办乌盐、木料上洋。现在家中老少均得如常，勿介，余寓再达。谨此并祝

健康

素芬嫂身体安好否？念念

                                              序安顿首

                                          农历八月十九日

中山大学图书馆藏陈序经手稿书信资料，编号：CXJ0036。

国庆信一通[①]

序经师：

　　前次聚餐，未能畅谈，怅甚，且生对于各种研究只听而绝无半点意见发表，深为抱歉。盖生初次赴会，对于各友所研究者知之不详，故不欲多言也。该次聚会曾讨论及起草"华人受欧化影响之研究"之计划，未审目下已拟妥否？该计划或草案可得闻欤？生对此问题极感有兴味。盖生以为现代之中国似须崇尚欧化——尤须注重精神、文化、物质三方面——方有生机，否则仍属一老态龙钟之老人，焉能与英气勃勃之列强抗？此意非生今日始主张，实则在中学时代已有此感觉矣。吾师以为然耶？此生之所以对此次罗氏基金委员会要求母校代其研究之问题极感有兴味也。然此问题，生以为非常之广，盖文化所包含者过大，是则所组织之研究会亦须包罗各种人材，各从一方面专心研究，方有满意之成绩，否则徒费时日。生更主张聘请国外著名人类学专家来校半年至一年，担任指导研究工作与研究之方法及五年中之详细研究计划，以后则依照所决定者而行之。此专家又可为研究会之顾问，以便随时与其通信，咨询一切。此外生更以为在未研究之先，须去函侨务委员会或各领事署或外交部等，切实查明华侨之籍贯与返国时居于何地，以便分区研究或作☐Study。如此则较该日开会时顺口指出地点为确实。因四邑、中山人士往外洋者多，然潮汕人、福建人，或别地之人亦有不少往外国也。此外关系组织方面亦须慎密，盖此研究实为重要，且须有满意之成绩方能对世界有新贡献与取信于该委员会，则以后可继续作各种问题之研究。同时亦可令社会学在各种科学中居重要之地位，使世界之人士得转移其注重科学之眼光于社会学上，则此次研究之功大矣。吾师之意如何，可商之伍锐麟先生。生之意，虽觉此种意见之贡献甚小，然对于此次研究不无补益，故特修函略述生之意见，以表生对此问题所感兴味之浓与期望也。伏祈鉴之，生如有暇，定当走访再作长谈。忽忽草此，敬候

春祺

生国庆谨上
四月十一日

P.S. Please give my best regards to all members of Social Research Institute. Thanks.

中山大学图书馆藏陈序经手稿书信资料，编号：CXJ0120。

[①] 编注：写信者姓氏不详。

鸿丰信一通[①]

经哥、嫂嫂同鉴：

前数天上一函，谅已收到矣。弟今天上午出医院，现在住在 Prof. Mombert 家，大概十天左右，候身体复元即可回自己之住所。弟之教授为人至好，今天出院之时是由他之助教用气〔汽〕车来等接。而我现在生病不能十分功〔工〕作，虽然由他常以安慰，但是自己方面甚觉对他不起。

今天未出院以前由医生□事堪可告慰。

近来此间不但天时不好，即社会之状况，自国家社会主义党上台以来，左右派之争斗至为热烈。

Othmar Spann 前天在大学讲 Der Wahre Staat。据教授对我说，内容并无重大之意义。

Geheino-Tönnies 常问及你们，若有空暇时，请函往问候他考〔老〕人家。

特祝

你们安好

弟鸿丰
二月十六日

中山大学图书馆藏陈序经手稿书信资料，编号：CXJ0124。

华南农学院筹备委员会信一通

前岭南大学陈序经校长：

关于前岭南大学农学院植物病理学系存有病虫害防治研究专款计人民币捌仟伍佰伍拾陆万元的使用事，经我院报接中南高等教育管理局本年十一月廿七日〈53〉高考财字第 18300 号批覆，同意我院植物保护系使用该专款预算。查该专款，经于本年二月间由我院植保系向原岭大会计主任处支用贰仟叁佰万元，现尚

---

① 编注：写信者姓氏不详。

存你处专款陆仟贰佰伍拾陆万元。兹特派陆锦芳同志携备收据前赴你处提取该专款余款，希予照数交付为荷。

华南农学院筹备委员会
一九五三年十二月十六日

中山大学图书馆藏陈序经手稿书信资料，编号：CXJ0161。

黄启明信一通

序经兄鉴：

敝校每星期六早晨九时至十时举行学术演讲会，专聘名流担任演讲，未知我兄能于下星期六（十月一日）早晨九时到敝校演讲否？恳祈示覆，并请将演题掷下，以便预早布告为荷。手此，并颂

教祺

弟黄启明
九月廿□

中山大学图书馆藏陈序经手稿书信资料，编号：CXJ0101。

季福生信一通

序经博士赐鉴：

敬启者，舟中八日同行，闲谈之中，诸承指教，获益良多，钦佩而敬爱，恨不能常随左右也。

先生不特学问渊深，且而遇人敦厚，舟中八日已俱见之。弟在汕转船时，诸承照拂，尤所感激。握别后三日抵申，转道南京，藉观全国运动大会。第一日观者达三十万人，会场极大拥挤，秩序为之大乱，故以后未敢再往。据云此次田竞赛之成绩甚佳，颇多打破全国之纪录者。符先生已到贵校否？将于何时

返遑？

　　先生知之乎？弟寄符先生一书，寄遑京，恐尚未收到也。此上敬请
教安

弟季福生谨上
十月十四日

　　通讯处　南京中央大学吴功贤先生转交

中山大学图书馆藏陈序经手稿书信资料，编号：CXJ0110。

乐生信一通[①]

序经学兄如握：

　　别来无恙否？至深系念。兹有启者，敝友郭应清君，毕业于英国伦敦大学法学院，精公、私、国际及宪法等科，后又到德国研究半载，成绩甚佳。在英时尝任中国学生留英杂志总编辑，返国后在沪执教于东吴法学院。旋因潮州欠缺人材，被请回潮创办大中中学，数年来成绩为全潮冠。现因校务已有规模，拟再出外担任一年半载之法学教授，以展所长。贵校声名夙卓，同事又多硕博，秋季如有法学教授之缺，希乞直接与郭氏接洽。专此介绍，并颂
文祺
尊夫人均此

弟乐生手启
六月廿二日

中山大学图书馆藏陈序经手稿书信资料，编号：CXJ0062。

---

① 编注：写信人姓氏不详。

林超、周颐、李柏昊等电一通

南开大学陈序经教授：

顷闻吾兄荣膺母校校长，旅京同学至感欣慰，特电申贺。旅京同学林超、周颐、李柏昊等。皓。

中山大学图书馆藏陈序经手稿书信资料，编号：CXJ0113。

林东旸信一通

序经博士雅鉴：

未睹鸿仪，殊深蚁慕，值此明月当空，凉风入座，正赖起溯回伊人之想也。维学富中西，实冠全球之特识；名加上下，洵称民国之先声，为欣为颂。敬启者，为小顽书洛自入贵校以来，蒙先生等管理谨严、教授得法，至为欣慰。然查贵校向来富豪之子弟入之，而贫寒之士有所不能。东旸抚躬自问，家贫如洗，曾充福同初级小学校教席（即钟锦泉办的），以为职业度活，自知富而后教一语，欲送子弟读书，实为惆怅。无奈小顽志锐心专，欲以升学，于前年私赴羊城以考入贵校，所谓不度德、不量力使人之笑柄，时因学费维艰，措手无策。东旸每有函达小顽，以为旋里，所幸刘监学先生格外设法维持。初则介绍于舰长，继则介绍于银行，多方挪借以济时艰。且也刘先生推荐小顽入工读以扶助农民之教育，故东旸即随机应变以勉强而从事，不妨为尊前之陈叙耳。现小顽屡有归书，道及此次蒙先生之鼎力吹嘘，仍然挽回在工读之列为最终之目的，闻言之余，喜出非常，不胜铭感，想先生博爱为怀，桑梓是念，为格外之体恤，视如子弟一般，待遇极厚，犹承宫之于徐子盛，为同乡故也。可知先生博约功深，士志于道，视天下为一家，中国为一人，盖由亲及疏，由近及远之意，兹当回学伊始，想先生擅欧美之教育，特为国内之专家选科学之文明，几见琼崖之拔萃，所以表率士林，昌明国学，可为各省之楷模，亦足称为我国最高之学府。谆谆善诱之余，除富豪家之子弟外，尤以注意于贫寒之士为最。小顽沾光工读分子，以为将伯之助，异日或收教育之效果，是皆念先生维持爱护之功。闻先生之风而仰慕其人，无日不神往左右也。语云：施恩莫念，受惠莫望。小顽受先生之惠感激难铭，惟深知韩信之言，不忘漂母之恩，愧未图报于万一也。倘先生异日南旋，路经灵公井而至敦笃亭，恳请烦驾到敝校叙叙谈谈，以永今夕。初则为新交，久则为旧好，虽不如宴平仲之善交，亦能情投意合也。受惠之余，深为感谢。肃此布意，敬请训安，并祝阖府均好

晚生林东旸谨禀
中华民国廿一年九月十五日

中山大学图书馆藏陈序经手稿书信资料，编号：CXJ0064。

林少明信一通

序经大兄惠属：

在省一晤，今又三月有余，近想凡百顺吉定符远□，兹有恳者，省建设厅长及公路处长闻均系岭南学校同气人，凡事或可商量。敢劳兄代为周旋。缘弟前赴省领取公路款，初本将系存大洋，而以毫贵拨付，未能领还，原因详细陈明，而公路处长仍嘱先行领还，再将损失呈报为词，故先行领还，不意领回后，因各路桥工程需款孔亟，即先行兑换后始呈报，而公路处以未先呈准，遽行兑换，不准备案，且会由分处长自行负责弥补损失，殊属违理之极。不过分处属下级官所，不能与上峰争理论耳。而各按理言，分处在海口支行存大洋四万一千八百五十八元，而由省行拨付已属费手续，又再以中央纸拨付，更费手续，且蒙损失。盖八九月之间，情形固如此也。此中情形在省公路处应据理力争，以为建设专款不应以毫券支付方合，乃不但不争，且纵分处领还而责弥补损失，真属离奇、滑稽，令人不可思议。弟在省领款时，中纸系六、七、八月之间价目，返余变换亦在六成余，何所指为损失，如以今日之价而言，则公路处何不待至今日始行代领，而必急行代领，是何意思？且此款系琼崖车家私人之款，本非省库拨支，而车家主人既愿换，公路处反要于无理处讨公道，真如俗人所谓，世间道理在为官者之口者也。弟为官僚十余年，至今日始觉真不可为，以事事违心也。人不是机器，总应该有点人气，而人气是彼此互助，不是我汝摧残者。然在官僚立场，则只是摧残。政策闻一知十，不必件件道明也。现在此事在琼崖分处实属无法可设，以三百元毫洋月薪之处长任事五月，而责其负一万五千余元大洋之损失。责在正面，言为挖苦，在反面，言为纵其铲地皮。何中国官场情理若是乎？但此事或非公路

处长官所为，而由其中宵小作梗。盖闻张前任有人在其中支干薪，此次张前任亏空数千元，分处迭呈追缴，至今未息，借以为报复之地也。现拟请兄代向公路处长极力斡旋，以完此公案，除处长已托总司令设法外，合再恳兄为弟分神设法，至盼，专此敬请

近祉

弟少明上
中华民国二十年十二月廿一日

中山大学图书馆藏陈序经手稿书信资料，编号：CXJ0065。

刘节信一通

序经校长：

示悉。拙作一册，顷向图书馆借得奉上，即祈教正！因自备一册为友人借去，特向图书馆借奉也。专颂

公绥

弟刘节顿首
十一月廿日

中山大学图书馆藏陈序经手稿书信资料，编号：CXJ0153。

刘君煌信一通

序师道席：

自违尘教，时深慕仰。吾师南去岭大，校务谅多开展，此间研究所情形如常。余新民、龙吟二兄暨生假期中如无特别事故，俱去所半日或全日，开课后则于无功课之日前往。新来去年考取研究生，因事休学，今年复学之。吴君除教课外，亦经常去所工作。图书室整理目录工作，经郑先生等数月努力，已有头绪，剪报进行整理，因工作较繁，稍后始克完工。本校自开学以来，因法庭传讯学生

与暑期学生多人，未能未□退学，学风好转，读书风气进步，阅览室常见人满。新聘宋侠兄闻暂不能来，杨敬年兄尚无消息，步洲兄仍留民政局，子坚先生拟俟何师到校后，请彼面商。杜市长□辞，惟冯兄现已在校兼授中国政府一课。吴大业兄日前到校讲课，东院三楼宿舍现告人满。冯恩荣兄亦由南院迁此，维藻移住东院原给赵德洁君住宅，近亦常往研究所，何师到校不知有何更张也。余不一一敬叩
崇安

生刘君煌肃叩
九月廿七日

中山大学图书馆藏陈序经手稿书信资料，编号：CXJ0061。

卢华焕信一通

陈先生：

今早裘因开会未问他，如果问车到时间，请打电话问车站服务处，电话似为13333号。可靠的，请打02号电话，问车站服务处电话便知。本拟在办公室打电话问，但不宜，故未代打查询。

晚华焕

中山大学图书馆藏陈序经手稿书信资料，编号：CXJ0163。

明兆信一通[①]

经弟青鉴：

敬覆启者，自接四月旬函中阅及云云。吾弟志向就于天津南开大学教员，可得社会等人士仰，试后赴法留学，此是弟所叙之根本也。但问而兄之不可先就于

---

① 编注：写信者姓氏不详。

南开教员后赴法留学事情将之注意，留学于及幼年进展，岂无知吾弟所能赴法两年的用费否？而兄前年有赐之财被各友拖紧，仅存微业，现者无余，今有盈者，前函达到，从速赴法，函程于天津南开辞之。而兄想想等苑转致要吾弟本年赴法留学，故无前函道达，但因几样的拮据且不能许吾弟见草仍就一处大学。候来年赴法。而兄之能□□□□□□当竞争时期利微□近维？

吾弟阖家康宁，并亲戚道华、杏莲儿女平安。为祝迫知，而兄之妇不日抵广州，致嘱不宜，携带儿女安南候住，广州在与弟处安致。兄妇速速南来，专此即请
大安

兄明兆
廿三年六月□号字付

中山大学图书馆藏陈序经手稿书信资料，编号：CXJ0125。

司徒森信一通

陈校长：

　　昨日下午据梁国和同志告知，您最近对他说，略谓您得到许多人的报告，关于岭大的账目事，我曾在中大教工会批评您"违法乱纪"，声闻之下不胜惊骇，这显然是一种严重的造谣中伤，我不独未曾在教工会作过这样的批评，就是在任何地方对任何人都未曾说过这样的话。陈校长，"违法乱纪"这顶帽子是不能乱套的，这种无中生有的恶意谣言，不只影响您，我也受到影响的，希望您深入查明，而我也决心追查，务求水落石出，是非明辨，使造谣者不能达到其中伤的目的。因此，恳求您给予帮忙，坦白地将向您报告的人的名字告知我，使我有明确的线路来追查。在目今的新社会里，我们讲过的话是要绝对负责任的。如果您还有何指教，请在我未离此间前，随时通知，我定必依约晋霭领教。此致
敬礼

弟司徒森谨上
八月九日

中山大学图书馆藏陈序经手稿书信资料，编号：CXJ0090。

苏继顾信两通

一

序经先生大鉴：

承寄赠尊撰《掸泰古史初稿》一册拜读，极佩先生近年于公余之暇写成"中南亚古史研究"丛书八种之多，而每种皆为长编钜制，体例谨严，材料翔实，非卓识与精力有过人之处曷臻此，谓此丛书为治南海诸国古史之最重要典籍殆非过誉。现书已印出三种，其余诸种想在近期内定可陆续出齐，其以能早日拜读为快者，岂仅弟一人已哉。惟公开流行本，希望尽量提前印行，俾国内治南海各国古史者皆可各置一部，则幸甚矣。专此鸣谢。敬颂

撰祺

弟苏继顾谨启

关于八百媳妇国一名，旧史以为由其酋长多妻而得名，大著认为不可信，所见极是，鄙意此国名指景迈，然景迈所在区域名 Bayab，八百即此区域名之省音，景迈土名作 Jinmem，得讹读为□媳妇，即景迈土名之讹读，此说或视酋长有妻八百说为可取。不知高见以为如何？

弟又启

中山大学图书馆藏陈序经手稿书信资料，编号：CXJ0143。

二

序经先生史席：

承惠赐大著《藏缅古国初释》一册，拜读佩甚。缅甸境内之"建都国"实一被遗忘之国名，仅《元史》卷十三《世祖本纪》与卷一三三《也罕的斤传》举有其名，而卷二百《缅国传》① 则其名失收，固此过去治缅甸史者于北缅在宋元间曾有此国之存在，遂视若〈无〉睹。今此书特立专篇讨论并搜集不少中外文有关资料，使缅甸史展开一新园地，其贡献之大，毋待弟之赘辞。管见以为，

---

① 编注：经核查为《元史》卷二百一十。

"元史"条以此国与太公城并举，疑其地当在今太公城北之格蓬（Katha）一带，而格蓬一名得视为"建都"（Kandu）之转，此当然为一种臆测，未敢以为必是也。专此布谢。

敬颂

撰祺

弟苏继顾谨启
八月六日

中山大学图书馆藏陈序经手稿书信资料，编号：CXJ0143。

谭彼岸信一通

序经校长道席：

久仰大教，讲学北方杏坛，何啻三千！近长岭南，将必移北方纯厚之学风于南方，一洗广东无文化之耻，则全省人之重望也。晚于先生之归来，不禁为学术界贺！爰就平日在广东文献馆服务，浏览乡邦文献，辑录所见，而为《蛋民的研究》所未征引者，敬呈于大教之前，非敢云补遗忝居乡。后学留心专题资料，抄录以供专家引用，而不以一得批评前辈。不日，本会函聘大教为本会顾问，晚亦作预贺也。本会编"文献副刊"于《广东日报》，甚盼赐寄有关广东文献著作，以资倡导。来稿请寄来采集组组长谭彼岸收。谨此，致贺忱！

顺请

教安

晚谭彼岸敬上
八、八日

南开大学图书馆藏陈序经资料（未编号）。

谭春霖信一通

序经先生大鉴：

到北平已一阅月矣，燕大亦开学两星期，此间景象，每多别于南方。燕大今年有学生八百余人，研究生占百人有多。北方读书空气，确较南方浓厚，不论日夜，燕大之图书馆都坐为之满。燕大政治学系，R. M. Duncan 返美（教政治思想的），比前未免稍逊，然尚有徐淑希、吕复二教授在，在此时相问难，得益亦不少。

燕大通例，学生须读两年，始获硕士学位，然亦未尝无例外。我拟一年内完成之，已向研究委员会提出请求，但能否邀准，仍一疑问。盖燕大事事不苟通融，且□产新生，更难讲话。

硕士论文题目，原拟以学士论文为基本扩而大之，经就商于徐淑希，彼以势力范围，已成过去之陈迹，不值再加研究，故弟现定之题目为 Sino-British Diplomatic Relations since the Sino-Japanese War（1895）。此间因学生人多，图书馆借书诸多束缚，故搜集材料颇难，先生对此问题有什么指示？于重要材料中，能列举一二，更所欢迎。

译稿带到北平，人地生疏，只好暂置一边，先生若有办法，望早告我。

岭南今年有甚么新建设？有什么新来的职教员呢？社会科系的发展如何？先生近来研究工作如何？有暇能示知，则幸甚矣。有信请寄北平燕京大学五楼106号房。余待后谈。此祝

康健

弟谭春霖敬上
十月一日

中山大学图书馆藏陈序经手稿书信资料，编号：CXJ0119。

谭沃心信一通

序经先生大鉴：

迳启者，敬请文驾莅校演讲，藉聆尘〔麈〕诲，时间由上午八时五十五分至九时四十五分。先此函达，届时由敝校教务主任李圣华君亲赴迎迓，敬希惠临赐教为感。专此并颂

文祺

弟谭沃心谨启
中华民国廿二年三月二十日

中山大学图书馆藏陈序经手稿书信资料，编号：CXJ0102。

王亦鹤信一通

序经先生鉴：

　　自改革教育问题得读大作，心仪久之，嗣于伯华、德芸两先生处谈及，甚惜无缘相会也。昨忽展留函，辱荷枉顾失迓，不胜怅歉。是日亦因博□探访钟先生，久谈乃返，适台驾去后仅十分钟耳。星期（廿七号）午后一时至三时亦必在局，如文□能再惠而顾我，是至祷幸。不情之请，惟亮为感。手此，敬颂
道福

王亦鹤拜启

十一月廿四日

中山大学图书馆藏陈序经手稿书信资料，编号：CXJ0121。

吴保安信一通

序经吾师道鉴：

　　十六日赐书奉悉。时值期考，事繁，未能即覆，至用歉罪。回母校服务事，比年以来，时在胸臆。惟近顷吾师既有岭南之就，经济研究所又非昔时面目，以此踌躇，迟不能决。岭南方面，月前冯秉铨兄即尝来信，具道吾师盛意。今奉手教，又拳拳以此相望，忆昔年在雅鲁大学宿舍中吾师所言，生方当奉命奔驰之不遑，敢云推却耶？虽然，欲离去武大，亦不无困难。其一，故旧在此甚多，群相依挽，未能抉舍。其二，周校长待生不薄，服务方及一年，遽萌去志，恐不获许。而此两重困难之中，尤以后者最不易办。筹思累日，计惟有请吾师迳函周校长，请其许生辞职（武大聘约下半月可发出），如获首肯，则生即当摒挡南行，俾得追随吾师之后也。岭南办学方针，生于去岁过穗时，早闻秉铨兄谈及，颇为悦服。秋间如能前往，生所望无他，但求一、任课最好以两门为限，暂不出西史范围（政治思想史、经济思想史等亦可勉力担任，尤喜前者），俾能略拓余闲，多所涉猎；二、初去时，乞勿授以行政任务，良以在此担任历史系主任一年之经

验,甚以琐事为苦;三、得住屋一所(并求备有家具,否则,生殊无力置备也),不望华美,与冯、曾诸兄所住者相仿佛即可。其他如待遇等等,生决不妄欲超越侪辈,请吾师斟酌裁夺,无不乐从。生出身虽至寒苦,但于财货利得,不甚计较。此次欲去岭南,几全由感于吾师历年爱护培育之至意,他皆非所计也。此间友朋中有刘绶松,二十八年清华毕业,曾任南开中学国文教员,其后历任西北工学院国文讲师、副教授及国立湖北师范学院国文副教授、教授等职,能诗,工文辞。又刘绪贻,亦清华毕业,支加哥硕士,攻社会学,现任武大副教授。如吾师有意罗致,生可代达此意。机械系周明漪教授,密歇根博士,秉铨兄深知之,如欲延揽,亦可就近代约。如何伫候裁覆,肃此,致敬

教安

学生吴保安谨上
六月二十八日

中山大学图书馆藏陈序经手稿书信资料,编号:CXJ0111。

吴大任信一通

序经老兄道鉴:

此函到时,想大驾已抵穗。两月以来,时复屈指计算,今限期已及三分之二,殊可庆幸,但望吾兄公私任务顺利推行,如时返津,个人之幸,亦学校之幸也。过去两月,南大发生事故,亦复不少。学生运动,前有为吃饭问题集体请愿,后有东院学生之聚殴伤人。请愿时黄傅等负责人均不在校。弟恐激成事变,不易收拾,勉强出面,允于二、三月份面粉有着时设法贷款,幸渐平静,卒借给东院饭团一亿四千万。当时弟颇不见谅于诸同事(此系弟之感觉,确否待考)。幸该款已陆续清还。数日前后罢课旬日,此事使学校与学生间距离愈远。若非北平师院事发生,双方感觉有合作之必要,恐未必便能平息。五月即届,能否平安渡过,诚不易言。邢庆兰及李廷光自杀,近因均为家庭纠纷,前者未遂,颇为学生所不满,后者不救,身后堪虞,而各方捐款已二三亿。教务方面,招生已开始筹画,天津单独招生,沪、京、汉、渝三校联合招生(清华参加重庆区否未定),试题定七月廿四、五,其他细节待商。今年试办中学保送毕业生免试入学,凡承认中学(现已定者十七校,广州有培正、培英、广雅),本届毕业生高中前

五学期成绩在八十以上，列百分之十以前者，均可具列成绩送审；唯两南开中学，则成绩减至七十五，名次降至百分之卅以前。此种办法效果如何，当难预料。学则在修改中，完全合理，殆不可能，希望能减少矛盾耳。闻黄子坚先生月底返津，校长行期未悉。嫂夫人将偕来否？令媛在此安好，但不□□，弟可无大责任。聚殴之事，可追溯至学联被封，学生罢课，开控诉大会，朱竹英在会场外被不知姓名之人击伤，大会迁怒于朱俭（休学生，住在院），认渠行径可疑，驱出会场。晚间，杨继润等为朱俭报仇，殴伤理事会及其他同学数人，学校双方均加处分而轻重有差，学生不满，继续罢课，三晤校长等，向教部交涉，各事似无大结果，亦意中事耳。广州办中学事如何？匆匆顺候

旅安，并祝

俪福

弟大任上
四月廿六日

中山大学图书馆藏陈序经手稿书信资料，编号：CXJ0049。

徐德美信一通

序经先生：

写信给先生的是听先生的"中国文化发展论"一课程的学生徐德美。说及姓名，当然先生不知道是谁，我听先生的课程，是随意去听的，没有交上课卷。在相见的时候，先生定会认识的，是听先生的课程的学生。

我写信给先生的原因，是想和社会学系教授祝伯英先生在一月七日（星期日）上午十二时到贵校访问先生，不知那日先生在校否？请先生示知，或由先生自定一个时间（除一、二、三日之外，因祝先生有事）来访问先生，信请寄文明路中山大学徐德美收。

现在我将祝伯英先生介绍一介绍：

祝伯英先生，浙江人，在本校社会学系担任"中国经济现状"和"世界经济"的课程，在法学院还担任了三小时关于经济问题的课程，以前在上海暨南大学也是担任上面类似的课程，以及哲学。祝先生对于经济和哲学很有研究的，其已写好的文章，凡五六十万言。由先生的文章和一般学生的谈话，祝先生很钦佩先生和想认识先生，今天和我谈及，决定七日来访问先生。

很希望先生在收到这信后，作一简短的覆信寄来，请了，敬祝

新年愉快

              学生徐德美上

                除夕

中山大学图书馆藏陈序经手稿书信资料，编号：CXJ0112。

许天禄信一通

序经先生惠鉴：

  久钦雅范，徒深企忱。前闻大驾行将莅穗主持岭南大学，聆教匪遥，毋任欣辛，兹因岭大医学院及附属教学医院下年度行政诸务亟待新任医学院院长早日接事，以便分别决定而利进行，谨陈如次：

  查医学院原任院长李廷安先生逝世后，校方命天禄代理，原属短期之过渡办法，代理时间系至三十六年下学期为止，所有三十七年度，应即筹划各事，如编制预算、留聘人员之晋级加薪、添聘新教员、筹措教员特别津贴、厘订课程等问题，均为亟待处理之要务，又皆与院务前途有密切关系，故其方针之决定非由继任院长亲自主持不可。前由校董会方面谈及，曾推荐谢志光先生继任医学院院长，但尚未洽定等语，惟天禄代理期限系至本月底为止，转瞬即届，务祈提前聘定并请新任早日莅穗，俾便依期交接。如谢先生不就而又尚未另行洽聘，则为应付机宜起见，或就医学院现任教授中而有办学经验且与岭大及本学院具有较深历史关系者，择聘继任之人，似亦可为办法之一。如现任岭南大学研究所所长并本学院细菌科、寄生虫科教授陈心陶，内科教授汤泽光诸先生，均为分别继任医学院院长及医院院长之适当人才，撮以附陈，藉备参考。

  至附属教学医院方面，关于编制之改进、现有人员之去留（原发各员聘书均至本年七月底满期）、财政之整理（医院经费系自给自足并补助学院一部份）以及医院院长问题（前系李廷安院长兼任，现由原任副院长许锦世暂代处理例行院务），更有亟待新任医学院院长到任后分别审核决策之必要。

  所有上述应于三十七年度开始前亟待解决各事，曾向校董会并李校长前分别报告，但无确实办法指示权宜之计，而医学院同人金以下年度院务方针尚未明悉，不无影响教育兴趣，医院方面则因调整编制人事去留等问题拖延未定，对于

工作精神影响亦钜。为亟驰函陈报，敬祈察核示复为祷，专肃并颂
教绥

岭南大学医学院代理院长许天禄谨上
中华民国三十七年七月十六日

中山大学图书馆藏陈序经手稿书信资料，编号：CXJ0105。

尤□仙信一通

怀民知己：

　　文几自别之后，□度居，诸不得会晤，殊深抱恨，想愚□□劳人，谋食海门，不堪告诉。回忆尊大人与愚素相友好，际此日撒手千秋，痛不忍言，对于社会事业，并□一学校，种种建设，令人感慨莫忘。知己之谈，意长笔短，专肃奉恳，敬请
著安

愚尤□仙顿首

中山大学图书馆藏陈序经手稿书信资料，编号：CXJ0057。

张伯苓信一通[①]

石先、子坚、序经贤弟大鉴：

　　久疏音问，念甚。日前有牛津大学斯保灵先生（Mr. Spaling）来函，对于我国大学捐书事非常热心，除向牛津教授募集书仪外，斯君并自行捐款。前西南联大方面曾寄有征集书籍清单，斯君已代购齐，不日当可寄到。兹附上斯君寄来之援助我国大学生书仪及其他办法，与斯君致牛津大学副校长信各二份，敢请弟等与联大负责人共同商讨对于斯君所拟各种办法有何意见，请示知，再由苓转达斯君可也。

---

① 编注：此信写于1939年。该信原标题为《致杨石先、黄钰生、陈序经函》。

苓原拟客岁十二月间到滇一行，因汪先生离渝，参会驻委每周开会，苓须主席，未克分身。最近中央又发表委座兼任议长，对于会内常务苓较前须多负责任，故更难离渝。参会订二月中旬开第三次大会，会后苓当抽暇于三月初旬赴滇一行也。联大及南开方面之各种事项，希弟等代为料理，并随时法知为盼。专此，顺颂

教安

张伯苓谨启
一月卅日

梁吉生、张兰普编《张伯苓私档全宗》（中卷），中国档案出版社2009年版，第1059页。

张纯明信一通①

序经学兄惠鉴：

自一九二七年在阿班那别后，转瞬六载，近状如何？时以为念。前阅成志名录，知兄与镜辉兄均执教岭南，至以为慰。岭南政治学系除二兄外，尚有何人？二兄均授何种课程？暇时万祈示知为荷。弟离意大后转学耶鲁，原拟专攻社会学，后以各种原因改习政治学，现与二兄均为同道。语云："道不同不相为谋。"今既同道，将来弟所请益于兄者甚多，尚希不吝常常赐教也。弟回后即在南开，此处薪水虽不甚高，而学生一方面皆极知用功，精神上亦佳。弟授课时间每周仅六小时，此外担任研究工作。敝校于研究方面已注重实地调查，在经济方面已颇注〔著〕成效，在政治方面尚极幼稚，现已起始调查者为华北县政。惟弟学识浅薄，多有未能胜任之处耳。此处于政治研究拟效美国 Institute for Government Research 研究各级政府之行政及组成，然徒有计划而人才缺乏，不能如愿进行耳。不知吾兄或镜辉兄对于此事亦感兴趣否？敝校经济学院每年研究经费有六七万之谱，尚称宽裕。是亦在中国各大学中所罕有者，如吾

中山大学图书馆藏陈序经手稿书信资料，编号：CXJ0159。

---

① 校按：此信不全，后半部分遗失，无写信人落款。但据信中内容可知，此时在南开经济研究所中，先后留学伊利诺伊大学、耶鲁大学攻政治学者，只有张纯明一人。

张德光信一通

序经吾师钧鉴：

近接家兄德粹来函，欣悉渠留津期间，曾晋谒晤谈，知生前函奉恳之件，业蒙面许成全，曷胜欣感！报载吾师将出长岭南校政，不知何时南行视事？如承介绍南方学校，生可担任魏晋南北朝史、中国哲学史、中国通史等。生在兰州大学，下期例得晋级为底薪三百六之副教授，但各校情形不一，自难苛求。如有机会，待遇及名义，概请吾师酌定示遵，叨在师生，幸恕恃爱冒渎。余容后上，谨请
钧安

生张德光敬上
六月廿七日

中山大学图书馆藏陈序经手稿书信资料，编号：CXJ0058。

张镜辉信一通

序经砚兄大鉴：

案牍劳形，致疏奉候，殊深抱歉。遥聆荣长岭大，获展抱负，莘莘学子端赖雨化，欣幸何如。兹敝港行郑经理哲嗣儒铖兄以任教浙大，薪金低薄，且学生不时罢课，风气恶劣，暑假后决不拟再往担任，嘱为函介，拟在贵校获一教职。儒铖兄人极忠诚、勤俭、朴实，有学者风。自哈佛大学得文学硕士返国后，旋任浙大教席，迄今已将两载，英文文学根底甚佳，堪资造就。现吾兄履新在即，在在需人，兄在暹时弟曾提及其人，请兄罗致。倘能推情任用，非特可以为吾兄臂助，且对渠学问亦予深造之机会，同时对于岭大前途裨益不浅，忝属爱末，用敢力为函介，尚祈鼎力玉成，则感同身受矣。专此奉托，并候
筹祺
嫂夫人顺候

弟张镜辉拜启
中华民国三十七年六月七日

中山大学图书馆藏陈序经手稿书信资料，编号：CXJ0122。

钟荣光信一通

序经博士鉴：

兹据文理学院梁院长函称：先生于本学期自动减少教授时数，每星期授课六小时，此外并做专门研究及著述工作，应由三月一日起至八月底止，每月照支原薪四分之三等情，自可照准。除函复梁院长及会计处照办外，为此函达台端，即希查照为荷。专此即颂

文祉

校长 钟荣光
中华民国廿一年四月廿七日

中山大学图书馆藏陈序经手稿书信资料，编号：CXJ0100。

周冠军信两通

一

序经哥、素芬嫂台鉴：

顷由韩兄转来大札，敬悉近况为慰。弟于九月十一号已抵德地，本学期末在大学报课，暂在省卫生部 Nahrungsmittel-Untersuchungsamt 实习，拟明春赴柏林在 Staatliches Institut für Gärungsgewerbe 工作一两月。该研究所是属于柏林高等工业专门，或在此做论文工作，惟尚未能定，暂时愿多实习。因弟有意在国内开办化学小工厂，以解决生活问题。至于政界谋生，决非所愿，学界教书亦非我之宿愿，弟愿多居德国，若经济能永许，否则于一年内即归国。蒙邀水行过港，谢谢。届时当奉告。弟婚事已办竣，已于本月十九号行婚礼，一切依旧，谨此奉闻。序经哥在岭大尚满意耶？学生程度何如？先此敬祝

康健

教弟 冠军上
十二月卅一号

中山大学图书馆藏陈序经手稿书信资料，编号：CXJ0077。

二

序经哥、素芬嫂：

　　内人等过港时多蒙厚遇，无任心感。月来因筹办化学厂事，日忙无暇，不日还须返合肥一行，因有事须与家兄细商。弟先制造彩色墨水及洋酒等，现已办理就绪，大约下月即可出品，知念奉告，弟等居沪，一切均安。兄等将来若能来沪，请先示知弟，家有空房，当可下榻。老韩有信来否？草此顺候

夏祉

弟冠军谨上
六月十六号

中山大学图书馆藏陈序经手稿书信资料，编号：CXJ0080。

周思兼信一通

怀民贤弟：

　　兹有南洋华侨中学校学生周怀崧等四名志愿转入重庆南开中学，转学手续请先与该校当局妥商。该生等预定于八月以前抵达陪都，人地生疏，寄宿旅店诸多不便，请予优待，允许于开学以前寄校膳宿。实深感荷，专此敬颂

教祺

老朽周思兼谨启
六月十三日

中山大学图书馆藏陈序经手稿书信资料，编号：CXJ0056。

周诒春信一通

序经先生道鉴：

  夙企栌辉，未获晤教为怅。侧闻左右，应聘主持岭南大学，良用忭贺，并为岭南得人庆也。兹有请者，本部广州中央医院，原与岭南大学医学院有合作性之关系，缘该医学院前院长李廷安系兼任岭南医学院院长，该医院各高级医师多在岭南兼课，并由岭南供给寓所，酌给津贴，如此院校双方始能维系优良人员，用意良佳而裨益双方者尤钜。现李院长逝世后，岭南医学院院长人选尚在物色中，弟深恐一旦新院长莅任，将此种合作办法变更，则影响弥钜，用特专函奉陈，拟恳我兄予以协助，继续维持此种合作关系，曷胜感幸。如医学院及医院仍由一人兼长，则尤为理想。闻兄将于下月赴穗，如路过上海拟稍事耽搁，至盼示知日期，弟当赴沪晤教。兹特抄奉广州中央医院钟院长世藩原函，尚祈察阅为荷。专此敬颂

铎祺

弟周诒春敬启
六月廿九日

附件①

中山大学图书馆藏陈序经手稿书信资料，编号：CXJ0104。

朱杰勤信一通

序经先生：

  兹送回《雪堂丛刻》一本，请查收。前借戴先生之《交通史料汇编》第一本及杰之《东域纪程录丛》（*Cathay & the Way Thither*）第一卷，请即交回，以便参考为盼。匆匆此致

敬礼

朱杰勤上
五月八日

请即交来人带回。

中山大学图书馆藏陈序经手稿书信资料，编号：CXJ0139。

---

① 编注：未见附件。

祝民信一通[①]

序经兄如见：

久未接手书，昨始获来函，敬悉一切。责弟等久未致候，事实诚原，但因未知吾兄之住址，故邮筒无从处问津耳。弟自前年腊月即来汉，秀娟亦于去春来此。或吾兄之信为邮政误传，故数年来消息互不通也。今辉光公司之门牌号数亦已改为江西路二一二号，而尊函所书之廿二号安然能抵弟手者，亦幸事也，否则吾辈之消息更不获通矣。弟在此经营汽车业，因受时局及金价腾涨影向极为惨淡，劳碌数年未有所结果。忆用家长之金钱时，当知其来处不易。至于谈及日前数目之往来，区区之数无容挂齿，且前者弟等在美时亦用过吾兄之款，两者相抵相差有限耳，何吾兄□□于此？吾辈相处如兄弟姊妹，其相契相知之情固不在金钱也，如在德国有好东西或奇怪东西，有便请寄些来。尊嫂夫人尚未曾会面，如有合影，亦请赐一帖，以免将来认不得嫂嫂之讥。弟等于1929年七月得一女，上月又得一男。二年来突加二百磅于弟肩上，故弟之肩膊日有嫌重之势。此后通讯请用下列地址：

　　WUHAN MOTORS,
　　　THE BUND, S. A. D. #3
　　　HANKOW, CHINA，应不致误。课余之下请常赐教言，此请

旅安，并候嫂夫人安好

弟祝民上
秀娟嘱笔问好
二月廿四

如有机械杂志，请代寄一二份。

中山大学图书馆藏陈序经手稿书信资料，编号：CXJ0071。

---

① 编注：写信者姓氏不详。

邹鲁信两通

一

迳启者：

荷承鼎诺，远应钟鸣，鹅湖之日月方新，鹿洞之风光增胜。

芝仪在望，葵悃时倾，独是同堂异乡，未证三生之石，清文妙制，类多五凤之楼。不有调查，末由详审，纵金声玉振，驰誉中朝，而流水高山，赏音何处？相应检附调查表函达，希为查照，早日填覆，至纫公谊。此致

陈序经先生

校长邹鲁
民国廿二年十月廿日

附表二种①

中山大学图书馆藏陈序经手稿书信资料，编号：CXJ0096。

二

序经先生台鉴：

兹请执事担任本校文学院社会学系讲师，讲授文化发展论，每周二小时，月致舟车费三十二元，为此检同聘书聘约函达。敬希俞允见，复为荷。专此即颂

台祺

邹鲁敬启
民国廿二年十月二十日

中山大学图书馆藏陈序经手稿书信资料，编号：CXJ0097。

---

① 编注：未见附表。

年谱简编

1903 年 1 岁

9 月 1 日，生于广东省文昌县（今属海南省）清澜港瑶岛村，名序经，字怀民。家庭"出身微寒"，祖父陈运彰以捕鱼耕农为生，1872 年出海遇难。不久，父亲陈继美出生，因家中穷苦，陈继美 12 岁入商店做学徒，30 岁时开始在新加坡经商，中年以后，家境"逐渐日趋日好"。母亲共生有五子二女，陈序经排行第四，上有两兄（早夭）一姐，下有一妹两弟（其中一弟早夭）。因家中贫穷，祖母、母亲均刻苦耐劳，且乐于助人，这对从小随她们生活的陈序经影响甚深。

1907 年 5 岁

入私塾启蒙。

1909 年 7 岁

随父去新加坡读书。

1912 年 10 岁

母亲病重，从新加坡返乡。不久母亲去世。入读文昌致远小学。

1914 年 12 岁

入读文昌县模范小学。

1915 年 13 岁

随父侨居新加坡，先后在育英学校、道南学校、养正学校学习，最后又回到育英学校。受教师柯葆华的影响，颇喜欢唱歌、体操与图画。

1917 年 15 岁

毕业于育英学校，成绩优异。

1919 年 17 岁

夏，入学刚成立不久的南洋华侨中学，就学于校长、同乡陈玉芝，陈玉芝新旧学问兼通，为陈序经讲述郑和下南洋的历史，华侨先辈在东南亚经营事业的故事，张骞、班超出使西域，匈奴西徙等，在陈序经的心里打下了深深烙印，也影响了陈序经日后的研究。陈玉芝等主张陈序经回国读书，故年底回国，其父嘱切勿在国内做官、切勿回南洋做生意。

1920 年 18 岁

经自学，暑假报考广州注重英文的四年制岭南大学附属中学，因成绩特优，插入三年级就读。

1921 年 19 岁

因成绩优良，被选为岭大附中四年级《全社》社刊编辑主任，并任岭大附中学生刊物编辑。在编辑报刊期间，结识岭南大学《南风报》编辑陈受颐，日后两人成为挚友，陈受颐对陈序经的西化思想产生了重要影响。

1922 年 20 岁

4月，从岭大附中退学自修，暑假以同等学力考入上海沪江大学，入生物系就读。

1923 年 21 岁

夏，与生物系系主任郑章成及东南大学秉志、吴宪文等组织生物标本搜集团，赴浙江温州南部及沿海采集标本。返校后，任生物系一年级生物课实验辅导员。

1924 年 22 岁

7月5日，出席琼崖留沪学生会暑期大会，选举本届委员、干事等，陈序经被选为编辑。

沪江大学是一所教会大学，规定学生毕业时须入基督教，陈序经不愿入教，于本年暑假转入复旦大学社会学系（因复旦无生物系）。

1925 年 23 岁

1月1日，在《复旦》第1卷第1期发表《进化的程序》一文。在《进化的程序》中，陈序经认为："进化论的价值，就在乎主张世界在时间上的秩序与空间上的秩序一样。"揭示从自然环境到人类社会，都在"有秩序地变"。在他看来，自18世纪中叶到19世纪末叶，"进化论发达的程序"，先天文，次地质，次生物，终至社会。而人类进化程序即由"人类的原始""人类个体进化"，到"人类社会进化"（内分"野蛮时代"、农业发达的"半开化时代"、工艺发达的"文明时代"）。他始终坚信，正如"高等的生物，是由下等生物变成的；文明的社会，是由从前的野蛮的社会变来的"。此后无论陈序经学术思想如何豹变，这种线性进化论，规范着其历史观与认识论。

5月，琼崖民团致函上海琼崖留沪学会、琼崖新青年社、琼东留沪学会、革进社等琼人团体，痛陈邓本殷卖岛殃民，美人贿买琼岛之野心，请沪上琼人群起反对。尤其请求黄鹤琴、陈垂斌、王文明、陈序经等，"诸先生素以改造琼崖为职志，为革命之先驱，望速起作卖地之斗争"。

7月1日，作为民国十四年（1925年）第一次大学正科社会科学科毕业生，获复旦大学学士学位。已对主权观念甚有兴趣。

7月1日，在《复旦》第1卷第2期发表《贫穷的研究》一文。陈序经以为贫穷是人类的苦难，"贫穷是一切社会病态现象中最根本的原因"。接触社会学之初，他即开始试图解析人类社会贫穷的原因。征诸西方学说、中国现实状况，陈序经指出社会贫穷根源于个人性格、习惯、教育程度、立法司法缺陷、赋税苛重、阶级上相压制、工价低廉、职业不稳定等。对中国而言，"很重要的原因"是天灾、战争。陈序经注重社会、职业分层，疏于对社会结构、功能进行分析，因此他对于"除贫的根本方法，只好候诸社会学专家去研究"。

8月5日，从上海乘"麦笛逊总统"号邮轮放洋，按其父意愿私费留学美国。入美国中西部的伊利诺伊大学，攻读硕士学位，主科政治学，副科社会学。

是年在《琼崖旅沪学会月刊》第3、4、5期连载《读老随笔》。是文写于1924年。《读老随笔》通过对老子学说的渊源的分析、老子生年的问题、老子与周秦诸子的关系、秦以后的老学等四个方面，对老子学说和老子学进行了详细阐述。

1926年 24岁

8月14日，获文学硕士（Master of Arts）学位。继续在该校研究生院攻读博士学位。

完成硕士论文 *The Ancient Chinese Political Philosophy*（《古代中国人的政治哲学》）。叙述了中国古代政治哲学的形成条件、发展沿革、思想流派、代表人物及其对社会、政治、文化等方面的影响。论文分成五部分，第一章"绪论"：简述中国古代政治哲学的起源、主要特征及其与西方政治哲学的异同；第二章"历史背景"：从五个方面勾勒了中国古代政治哲学的形成条件，即物质（自然）条件、政治条件、社会条件、经济条件和智力（知识）条件；第三章"道家"：重点阐述道家思想的形成原因、过程及其代表人物，如老子、庄子等，以及他们的主要思想观点、独特表征及其对社会文化等方面的影响；第四章"儒家"：着重论述儒家思想的生成根源、过程及其代表人物，如孔子、孟子等，以及他们的主要思想观点、独特表征及其对社会文化生活等方面的影响；第五章"墨家"：着重讲述了墨家这一思想流派的生成渊源、过程及其主要代表人物，如墨子等，以及他们的主要思想观点、独特表征及其对社会文化生活等方面的影响。

1927 年 25 岁

春，完成博士资格考试，准备学位论文。

12 月，完成博士论文 Recent Theories of Sovereignty（《现代主权论》）。该书以主权可分论立论，对主权理论的历史，主权在联邦国家、国际关系、法律、功能组织中的运用做了全面深入的考察，对传统的主权一元论和现代的主权多元论之间的关系做了详尽探讨。全书包括引语、导论、正文、结论，正文共十章。第一章论述主权理论的历史，第二章、第三章探讨联邦国家中的主权，第四章论述主权与国际关系中主权的特征，第五章论述主权与国际关系中主权的归宿和批评，第六章、第七章、第八章主要分析主权与法律的关系中的各种学派，第九章论述主权与职能组织之间的关系，第十章讨论拉斯基及其他学者的主权理论。

陈序经留美期间，与著名社会学家海夷史（Edward C. Hayes）教授过从甚密，思想颇受其影响。

留美期间，与留学芝加哥大学的陈受颐经常讨论文化问题，并常到各地实地考察，使其出国前初步形成的全盘学习西方文化的思想"愈为坚固"。

1928 年 26 岁

6 月，获伊利诺伊大学政治学博士学位（PHD in Political Science）。其博士论文得益于社会学系教授海夷史、哲学系教授 Matthew T. McClure、政治学系教授 Clarence A. Berdahl 及 John A. Fairlie。

是年，在欧班那（Urbana）与杜威晤谈，得知杜氏已放弃东方精神文化优越论。

8 月 17 日，与陈受颐等 26 位留美学生取道加拿大，乘坐"俄后"号轮船抵达上海。

秋，接受陈受颐建议，受聘于岭南大学社会学系，任助理教授。在岭南大学，与哲学系卢观伟、国文系陈受颐常讨论文化问题，在一次晨会演讲中，三人首次公开提出全盘接受西洋文化的主张，并先后就此主张轮流演讲十余次，在岭南大学产生了较大反响。

秋，在一次学术会议上，首次提出"文化学"这一名词，指出文化学是自有其对象、自有其题材的一种学问。

11 月，在《广州民国日报》副刊发表《再开张的孔家店》，表面上批评孔祥熙在当时提出保护孔林孔庙的提议，实质上是指出在中国实行全盘西化的必要性。

本年，《古代政治思想的背景》发表于岭南学生会出版刊物《政治》。

1929年 27岁

8月20日，与黄素芬女士在新加坡结婚。黄素芬，1906年8月16日生于广东省中山市石岐青岗乡，先后毕业于广州的真光小学、真光中学，就学于岭南大学教育系。

9月，携黄素芬从新加坡启程，乘法国邮轮到法国马赛，再乘车经比利时到德国柏林。入柏林大学，研究政治学、主权论、社会学，也阅读马克思、恩格斯及欧洲社会主义学说，尤注意搜集文化学材料。

10月，在《社会学刊》第1卷第2期发表《海夷史教授》（作于1928年9月3日）一文，回忆与美国著名社会学家海夷史教授的交谊，阐述海夷史的学术成就、旨趣，及其对中国学术界的影响。

《中国政治思想的资料问题》收入《岭南学术论文集》。本文是作者为思思学社撰写的约稿《中国政治思想的发展及其趋势》一文绪论中的一部分，指明关于中国政治思想的资料之少及其研究的难处。作者写道："关于中国政治思想的有统系的研究的书册是很少的；至于能够把中国全部的政治思想史，来做有统系的研究，据我个人所知的，不但在英文或他种文字方面，没有一本，就是在中国文方面，也找不出一本。片断的研究，也不过限于一个时代，而犹是春秋战国时代，或是关于个人的政治思想。"产生这个问题最大的原因，是资料的缺乏。有素志去写本中国政治思想史的梁启超先生，经过26年的时间，还写不出一部自古代至现代的有系统的中国政治思想史，是因为关于中国政治思想的材料太少。

《中国政治思想的发展及其趋势》（张世保译为：《中国的政治思想：发展与趋势》，见张世保著《陈序经政治哲学研究》）原为英文稿：*Chinese Political Thought: Its Development and Tendencies*。从文章内容判断，写作时间大概在20世纪20年代末。发表刊物不详。中国政治思想的历史大致可以分为四个阶段：第一个阶段可以称为胚胎时期；第二个阶段为黄金（繁盛）时期；第三个阶段为黑暗（因袭）时期；第四个阶段为转型时期。作者对四个阶段的政治思想的主要特征和代表人物进行了分析，随后讨论了它的发展趋势：第一个趋势是已经由君主主权转向人民主权；第二个趋势是中国的政治思想从人治转向法治；第三个趋势是由和平主义走向军事主义；第四个倾向是从散漫自由到干扰；第五个倾向是从整体主义到个人主义；第六个倾向是从宗族主义到民族主义。最后指出，中国目前的政治思想是被孙中山的理论所垄断的，特别是在国民政府的胜利和国民党的统治地位确立之后，但是，孙文主义不是也不能是上面所讲的中国政治思想发展的各种倾向的丧钟。

《积极的死》收入岭南大学学生会编《碧血黄花》。此文为缅怀作者从小就敬仰的黄花岗七十二烈士而作，文章高度称赞黄花岗七十二烈士的死是"积极的死"，这种积极的死包含下面几个意义：第一，这种的死是奋斗牺牲的，他们是乐意牺牲的，所以他们的死，包含第二种意义——大公无私的，此种精神表现在林觉民寄妻的信中所说的"吾充吾爱汝之心，助天下爱其所爱……牺牲吾身与汝身之福利，为天下人谋永福也"。"他们的奋斗牺牲的精神，和他们的大公无私的美德，无论是那一个烈士，无论在那一处，都可以找出来。因为他们有了这种精神，这种德性，所以他们的死，可以叫做永远不死的。""我们纪念黄花冈七十二烈士的真义，不但是崇拜他们积极的死的精神，而是要把他们这种精神注入我们的脑海里；并且要将这种精神实现出来，这样的纪念，才得乎纪念的价值，才不负诸烈士的期望。"

应岭南大学政治学会所编《政治》约稿，撰写《春秋战国政治哲学的背景》一文，将春秋战国时代的政治哲学，略为分析解释。关于背景的分析，分为地理、家庭、道德、宗教、经济、政治、战争、教育，以及普通思潮及其派别。作者认为此时期的政治思想的背景，所包含的尚不止此，所举出的，不过个人觉得在比较上较为重要之数方面；并且背景的各方面的分析不外为利便研究起见，并非因背景的各方面有可分的清楚界限。"背景本身上，是互有关系和连带，没有清楚的限界。"

《政治学讲义·绪言》为南开大学图书馆手抄稿。作者 1928～1933 年在岭南大学讲授"政治学"课程，为此编写了一份 10 万字的讲义，并连年修改。作者认为"政治学可以说是一种很旧的学科，而且同时可以说是一种很新的学科。她是一种很旧的学科，因为有统系的研究的政治学在二千年前已经有人写过，这位有统系的政治学的先驱就是大名鼎鼎的亚里士多德 Aristotle"。"政治学既说为最旧之学科，为什么又能称为一种最新的学科呢？""原来政治学所研究的对象，不外是政治的现象。政治现象是随着环境、时代而不同的。过去有过去的政治现象，而现在却有现在的政治现象。政治学既以政治现象来做她的对象，则政治现象的变更当然影响到政治学的对象。换句来说，就是政治学是和政治现象的变迁而变迁的。因此之故，古代有古代之政治现象及其政治研究；中世纪有中世纪之政治现象及其政治研究；近代又有近代的政治现象及其政治研究。同样现在也有了现在的政治现象，那么现代也应该自然而然有现代的政治研究呵。"

1930 年 28 岁

5 月 1 日，《岭南学报》第 1 卷第 2 期发表《孔夫子与孙先生——欧游杂感之一》。是文 1929 年冬作于柏林。作者通过对孔子思想和孙中山思想的分析，认为：（一）从文化的物质方面来看，孙先生主张全盘效法西方，而与孔子处于对峙的地位。（二）从文化的道德方面来看，孙先生和孔子是处在同一战线上。

(三）从文化的政治方面来看，孙先生以为孔子的思想，并非有背于现代思潮，不过有其思想，而无其制度，补救之方，在于取资欧美之制度。当然孔子与孙中山的异同不止于此。

6月，在《留德学志》第1期上发表《中国胚胎时代的政治思想》。该文为留学德国时所作，3月20日完成初稿。中国胚胎时期（从有思想史起至春秋）最重要的政治思想，包括了三种政治观念：（一）天的观念，（二）君的观念，（三）民的观念。

12月，《霍布豪斯的社会学》发表于《留德学志》第2期。该文简略介绍了英国社会学界的中坚人物霍布豪斯的生平、主要著作和社会学观点，并将其与孔德和斯宾塞学术观点的异同进行了比较。

在柏林大学学习一年后，又入德国北部的基尔大学世界经济研究院学习，主要研究主权可分论。

在德国期间曾与一些东方学者交往，其中对傅兰克（Otto Franke）的印象较深，听傅兰克讲述过公元前的匈奴史、西域史。也留意过时为留学生的姚从吾所撰写的有关欧洲学者匈奴史研究的文章。

1931年 29岁

2月21日，长女曼仙在基尔大学医院出生。取名与出生地联系，故取德国日耳曼的"曼"字。

4月，在《社会学刊》第2卷第3期发表《东西文化观》，借用西方社会学、人类学等基本理论，剖析中西文化异同，首次公开主张"全盘接受西方文化"。

还在同期刊物发表了介绍德国社会学会的短文《德国社会学会》，介绍了该组织成立的时间，一、二、三次会议召开的时间，第七次会议召开的时间和议题，指出在组织上，德国社会学会远比不上美国社会学会。

5月，离德返国，6月初抵达广州。留德期间，陈序经学习刻苦，除专业外，语言方面共掌握了英、德、法和拉丁语四门外语。过度学习加上体质本弱，致身患肺病，曾入基尔医院治疗数月，恰在此时，其父亦患重病，遂启程回国，放弃了原本继续求学英、法等国的计划。

留德时用英文著 *Politology: A Proposed Term for the So-called Political Science*（《新政治》）。

回国后，在岭南大学哲学系任教。又应协和神学院院长龚约翰（J. S. Kunle）之邀，为神学院学生讲授一个学期的中国文化史。

11月21日，在《广州民国日报》第3张第4版"现代青年"栏发表《精神文明和无抵抗主义》，对甘地主义进行了批判，指出美国人只是好奇甘地主义，并不同意他的主义。

12月14日，应广东省立第一女中叶校长的邀请，到该校做演讲。演讲的内容即为"女子对于现代文化的态度与责任"。

1932 年 30 岁

1月，应卢观伟要求，完成 8 万余字的揭橥"全盘西化"的纲领性著作《中国文化的出路》一书，陈序经亦欲以此书作为父亲六十寿辰的生日礼物。

1月8日，在广东省立第一女中演讲词"女子对于现代文化的态度与责任"，由梁锡辉整理，发表在《广州民国日报》第 3 张第 11 版"现代青年"栏。针对"为中国文化的前途计……应该走向哪条路径"的发问，指出广州是新文化的策源地，中国十几年来的女权运动，盛行于广州，女子教育在广东也很发达。号召省立第一女中的女生们，对于现代文化，应特别地出力，努力地迎头赶上去。

4月26日，与美国哥伦比亚大学教育学院勒克（H. Rugg）教授及中外学者40余人，聚岭南大学文理科学院院长梁敬镎府上，共同讨论改造中国的问题。

6月1、2日，在《广州民国日报》"现代青年"栏发表《对于现代大学教育方针的商榷》，反对"停办文法科或减少数量，而代以职业教育"。这是针对 1932 年 5 月 19 日在中山大学举办的教育会议的教育专家、教授和校长们提出的教育观点的批驳，从而引发了一场教育论争。

6月10、11日，在《广州民国日报》"现代青年"栏发表《对于勒克教授（H. Rugg）莅粤的回忆与感想——再谈现代大学教育的方针》。

7月28日，在《广州民国日报》"现代青年"栏发表《敬答对于拙作〈对于现代大学教育方针的商榷〉之言论》，批评对立派不了解大学教育"究竟是什么东西"，指出"二十世纪世界，好多重要的世界的问题，已变成中国的问题了；同时，好多重要的中国问题，也成了世界的问题"，中国办教育也需向西方学习，"对于事物的探求解释，能有精神的判断"，最终改变整个民族不求甚解的痼疾。

以上三篇文章的发表在广州引发了一场教育争论。

8月30日，被私立岭南大学校长钟荣光委派为学报编辑委员会主席。

是年，在岭南大学开设中国政治思想史，在中山大学主讲政治学。

是年近暑假，父亲在海口病故。此后他遵循父亲遗愿，一不从政，二不经商，终身致力教育与学术事业。

1933 年 31 岁

3月26日，在《独立评论》第 43 号发表《教育的中国化和现代化》。原稿成于上年，因读《独立评论》第 38 号发表的徐旭生《教育罪言》及蒋廷黻译陶因《中国的政治》，生出失望而发表此文，表明了陈序经的根本教育思想和立场,"全部的中国文化是要彻底地现代化,而尤其全部的教育要彻底地现代化"。

3月27日在花地培英中学纪念周做题为"南北文化观"的演讲。先给师生们讲文化的概念,其次是何谓南方文化,何谓北方文化,第三是南北文化不同的影响与结果,最后希望学生们能肩负起南方文化——现代文化的责任,努力去提倡并发展南方文化。

4月4日,在《岭南周报》第2版发表在花地培英中学的演讲"南北文化观",由梁锡辉笔述。

5月7日,《独立评论》第49号发表《人的文化与物的文化》。因在1931年出版的亚洲文化协会第一次大会的主席开会词,以及《亚洲文化协会的使命》一文中,将东西文化差异分为"人(王道)的文化"和"物(霸道)的文化",本文予以驳斥。认为一切的文化,都是人的文化,没有物的文化。"因为惟有人,才能有文化。人固然依赖于物以创造文化,但是物的本身上,决没有变成文化的可能性。"物质文化均是人所创造,将东、西方文化归于王道与霸道,过于笼统、浅薄。东、西方文化内均有王道、霸道。

8月1日,次女夏仙在岭南大学护养院出生。因父亲去世,原定继续留学英法的计划取消而在国内安心任教,故将女儿取名华夏的"夏"。因姐姐、弟弟、妹妹均以出生地命名,1948年陈夏仙回广州后,以广州的简称"穗"改名穗仙。

9月15日,到暹京新民学校初中部,对学生演讲"南北文化观",并逐条解答同学提出的数十条问题。

11月24日,在《岭南周报》上发表《文化发展》。这篇演讲稿认为从文化运动上说中国有了三个时期:一个时期是保守固有文化;一个时期是提倡中西文化调和的过渡时期;现在才有些人提倡彻底西化。第一个时期是复古派,这是中国几千年来的传统思想;第二个时期是折衷派;第三个时期是西洋派。通过对孔子思想及辜鸿铭和梁漱溟两位先生文化观的分析,指出彻底西化的理由:第一,从理论方面,西化是一种趋势;第二,从文化的发展上,西洋文化的确比中国进步快,而且它的思想的确比中国的高,无论在学术上、艺术上和科学上,都比中国的好。

12月22日,在《岭南周报》上发表《孙中山先生与岭南大学》。孙中山先生曾到岭南大学进行三次演讲,希望学生要"知道人类的道德观念,现在进步到了甚么程度",希望学生第一不要立志做大官,第二要把中国化成美国。"所谓自己变成美国人,又不外是,一个彻底和全盘西化的人。"

12月29日晚,应中山大学社会学系主任胡体乾之邀,在中山大学礼堂做题为"中国文化之出路"的演讲,指出关于中国文化出路的主张,有复古派、折衷派和西洋派三派,明确主张西洋派,指出中国文化的出路在"彻底全盘西化"。演讲当晚,礼堂墙壁上贴有对联:"把世界文化迎头赶上去,把中国民族从根救起来。"

是年，游安南、暹罗、新加坡等地。

是年，与伍锐麟共同主持广州沙南疍民的调查。

1934 年 32 岁

1月，《沙南蛋民调查》发表于《岭南周报》第 3 卷第 1 期，其中"绪言"由陈序经执笔。

1月11日，"中国文化之出路"的演讲词，刊登在《国立中山大学日报》1月11日第 4 版。这篇演讲稿，应是陈序经演讲时的原稿。后该稿再发表于 1 月 15、16 日《广州民国日报》"现代青年"栏 826、827 期时，"大致是把陈序经博士该晚的演讲笔记下来。此外，更还得到陈博士平日所发表的文字拿来参考，而且得到他的同意加入多少意见，并蒙赐予修改及指正"。所以两稿有很多不同。

在中山大学的这次"中国文化之出路"的演讲，核心是"中国文化之出路在全盘接受西洋文化；复兴中国文化，接受西洋文化则在南方。本大学是新文化的产儿，而且是南方之最高学府，应该负起这个文化上之伟大的责任"。激烈的主张在广州引起轰动，引发激烈的文化论战。持异议者包括谢扶雅、张磐、陈安仁、王峰、穆超等，支持者有吕学海、冯恩荣、卢观伟等，陈序经亦积极参与其中。

1月29日，因张磐发表《中国文化之死路》，反对"盲目的崇拜西化"；陈序经在《广州民国日报》"现代青年"栏 836 期发表《关于中国文化之出路答张磐先生》予以反驳，指出张氏"对于文化的解释是完全站在最流行的经济史观上"，而"经济的本身，不外是文化很多方面的一方面。经济的势力，固可以影响于文化的其他方面；文化的其他方面势力，也常常影响于经济的制度和观念"。"我虽是极力主张全盘和澈底的'西化'，却不主张盲目的全盘和澈底接受'西货'。"

1月，《中国文化的出路》一书由商务印书馆出版。是书初步系统阐述其全盘西化主张。初稿于 1931 年底写成，首次完全使用了"全盘西化"的提法。书的"绪言"指出"研究所谓东西文化，而寻出一种办法以为中国文化前途计的人，大约不出下面三个派别：（一）主张全盘接受西方文化的。（二）主张复返中国固有文化的。（三）主张折衷办法的。本书的旨趣，是将这三派的意见，来做一个比较的研究，而寻出那一条途径，或是那一种办法，是我们今后所应当行的途径"。

8月，被南开大学经济研究所聘为研究教授，兼南开大学商学院教授，讲授社会学、乡村社会学；规划主持"工业发展对社会影响的调查"，并亲自带人去河北高阳、广东顺德等地做实地调查。

11月11日，于《独立评论》第126号发表《乡村文化与都市文化》。

4月，吕学海编《全盘西化言论集》由岭南大学青年会出版，共收西化派文章8篇，其中陈序经4篇：《中国文化之出路》（演讲，梁锡辉笔述）、《关于中国文化之出路答张磐先生》、《关于中国文化之出路再答张磐先生》、《对于一般怀疑全盘西化者的一个浅说》。编者吕学海先生在该书"引言"中曰：

> 自从今年一月陈序经先生的演讲词《中国文化之出路》在《广州民国日报》"现代青年"栏发表之后，跟着即爆发了一场文化论战，想读者也还记得罢。本来事理愈辩而愈明，尤其是"西化"这个问题——一个范围极广阔而且性质极复杂的问题，更急待"不厌求详"的讨论。可是"现代青年"栏为了该报改组和其他的原故，无形中便将这个论战半途截断，使主张全盘西化的人们想更来说个明白也得不到机会。
>
> 全盘西化这个主张，在今日之中国只是一个最"后进"的思想，她引起一般折衷派和经济史观派的批评和怀疑，原是意中和必有的事。为了这个问题的重要，本刊二十二卷第五期也曾登载过好几篇关于讨论和说明这个主张的文字，虽然这样未算得详细和透澈。现在我们为了弥补这个缺陷起见，特再征集关于这个问题的文字，和选出已在"现代青年"栏发表的几篇比较重要的言论，汇成一小册，颜曰《全盘西化言论集》。俾读者可以明瞭我们主张全盘西化各方面的理论的系统，和易于比正。同时算作我们对于讨论这个问题的一个小结束。
>
> 就"现代青年"栏上那场论战来讲，要算张磐先生，对于我们的主张是最先而且是最激烈反对的一人。不过，反对尽管反对，理论是不健全是另外一件事。张先生对于西洋文化之认识的畸形和不澈底，及其折衷理论之矛盾与辩论态度之失检，我们这里的文章也有直白指出来的。在我们的答辩文字里，也许有过火的地方的，我们现在也照样刊载，以存当日辩论的真相。我们固不是单为了张先生个人的谬误而去批评的，只因为在今日中国社会里，其思想和态度之类似张先生者，正不知有多少人！
>
> 我们主张全盘西化，我们是否叫中国人只会穿西装，吃大菜，住洋楼，和其他享乐与玩耍的西化活动，只要读者细心一读这本小册子，就可以十分明白了。
>
> 我们的目的：原是坦白地指出那现在最为流行的"皮毛西化"及其他折衷调和办法的不澈底与危险，而为今日中国寻求一条较为实际，较为根本，较为美满，和最为适应时代所需求的文化出路，使中国民族的命运可以得到延长和发展。
>
> 我们主张努力全盘西化，意在斯乎！

《关于中国文化之出路再答张磐先生》则是陈序经"在《广州民国日报》

'现代青年'栏发表了那篇《关于中国文化之出路答张磬先生》一文以后,张先生又发表了一篇《在文化运动战线上答我》一文,此外他还在该栏发表了一篇《为中国文化问题再进一解》和一篇《中国复兴教育运动宣言》。我阅了他前后所发表数篇文章的错误和矛盾处,举不胜举,当别为文以指摘之。理论上的张先生固是心劳日拙,他对于我个人的方面,又生出不少的误会之点。所以我不得不再借'现代青年'的篇幅,对于这点,略为解释,使'现代青年'的读者,明白这件因学术的讨论而涉及个人的公案的真相"。

《对于一般怀疑全盘西化者的一个浅说》的发表,是因陈序经的"中国文化之出路"讲演词在《广州民国日报》的"现代青年"栏发表以后,有不少人对于他所主张的全盘西化的理论,没有充分的认识而生出不少的误会。为了说明他的立场,他把人们怀疑全盘西化的要点,约分为30条,拟逐条解释,而形成此文章。

《读书的六到》,发表于《南大》半月刊第10期。"读书的六到"是心到、口到、目到、耳到、手到、脚到。其中"脚到"是最为重要,而却为中国人所最忽视的。

是年秋,在北方做了第一次旅行,从天津出发,依次到青岛、济南、徐州、郑州、西安等地,为期约半个月。

1935 年 33 岁

1月,在《政治经济学报》第3卷第2期发表《利玛窦的政治思想》,介绍了意大利人利玛窦的身世及产生其政治思想的背景,从利氏对佛教、老子、孔子的态度,利氏的世界观与理想的政治社会,利氏的主权论及其对于君主之态度,利氏与家族主义等几个方面介绍了利氏的政治思想。

年初,王新命等十教授发表《中国本位的文化建设宣言》,引发了一场全国性的中西文化论战。陈序经是其中的活跃人物,先后与吴景超、"十教授"、张东荪、张佛泉、胡适等人展开论战,坚持其全盘西化的主张。

1935年1月9日,中山大学、岭南大学都取消了原定邀请胡适到校讲演的安排,陈序经在《广州中山大学取消胡适之先生演讲感言》中指出:"广州中山大学这一次取消胡适之先生在该校演讲的理由,据报章所传,大约有三:一是胡先生希望香港为中国新文化的一个中心,乃蔑视中山大学在新文化上的位置,而为帝国主义张目。二是他说广东是中国过去的殖民地,而含有目广东人为蛮夷的态度。三是他反对祭孔读经,而违背中国固有的圣道。"

3月17日,因吴景超在《独立评论》第139号发表《建设问题与东西文化》,提出"文化可分论",批评陈氏全盘西化说。陈序经在同刊第142号发表《关于全盘西化答吴景超先生》,以"文化不可分论"为依据加以回应:"从东西文化接触的趋势来看，接触以后，东方固不能存其固有，西方也不能存其固有；因为前者正在其趋于消灭的途程，而后者正趋于为共有的道路。从东西文化的程度来看，我们无论在文化那一方面，都没有人家那样的进步。从文化本身的各方面的连带关系来看，我们不能随意地取长去短。从东西文化的内容来看，我们所有的东西，人家通通有，可是人家所有的很多东西，我们却没有。从文化的各方面的比较来看，我们所觉为最好的东西，远不如人家的好。"陈序经认为，之所以西洋文化快速发展，中国文化停滞，即因前者动性较强、有创造力，后者则惰情较强、无创造力。即使西洋文化并未"臻完美至善"，但"中国文化根本上既不若西洋文化之优美，而又不合于现代的环境与趋势，故不得不彻底与全盘西化"。

3月25日，子其津在南开大学医院出生，取天津的"津"为名。

4月21日，在《独立评论》第147号发表《再谈"全盘西化"》。该文是因《关于全盘西化答吴景超先生》一文发表之后，除胡适之先生在《编辑后记》里声明他"是完全赞成全盘西化论"外，张佛泉先生也在《国闻周报》第12卷第12期发表《西化问题之批判》一篇长文，说明他"与全盘西化论是非常同情的"。而陈序经觉得胡适，而尤其是张佛泉与他的主张"似尚有多少差异之点，因将管见所及，简单地写出来，以供读者参考"。他们三人的这种差异之点表现在："至少全盘西化论，在胡、张两位先生的心里，好像只是一种政策，而骨子里仍是折衷论调。"

4月，南开大学经济研究所《政治经济学报》第3卷第3期发表《蛋民的起源》，开启了学界对这一特殊群体的深入探讨。作者把疍民起源的传说或学说的30余种概括为六类，进行研究与解释。

5月5日，完成于4月25日晚的《从西化问题的讨论里求得一个共同信仰》一文在《独立评论》第149号发表。作者把《独立评论》与《国闻周报》在这两个月来所发表的数篇关于西化讨论的文章，大略加以分析，写成此篇。由此而得出的结论是："我以为西化这个问题，经过这一次的讨论之后，已有相当的共同信仰，这就是：我们应该全盘西化。至少这一次的讨论的趋向，是在这条路上。"

5月20—21日，在天津《大公报》发表《读十教授〈我们的总答复〉后》，这是对十教授在5月14日《大公报》上发表《我们的总答复》一文的回应，认为"他们对于全盘西化，表面上虽加以批评，骨子里已经有意或无意地趋在这条路上"。并对这种变化与趋向进行分析解释。

5月，在《岭南学报》第3卷第3期发表《南北文化观》。内分3编12章，论述历史上的南北文化观、西化始于南方的原因及新文化运动在经济、宗教、政治等各方面的贡献，并以"主张西化最力""影响最大"的容闳、严复、梁启超、孙中山的"中国西化观"为疏证。

自 1 月至 6 月，赴暹罗、老挝考察，以开展暹罗与华侨关系的研究。

7 月 21 日，在《独立评论》第 160 号发表《全盘西化的辩护》。该文是针对胡适 6 月 23 日在《大公报》上发表的《充分世界化与全盘西化》一文而做的辩护。胡适感觉到"全盘西化这个名词，的确不免有一点语病"，提议以"充分世界化"来代替"全盘西化"。他说："充分在数量上即是尽量的意想，在精神上即是用全力的意想。"但陈序经认为："在精神上，我们若用'全力'去西化，结果是在消极方面，必至否认中国固有的文化；在积极方面，还是趋于全盘西化。但是所谓'充分'或'尽量'这些名词，不但很为含混，而且很容易被了一般主张折衷，或趋于复古者，当作他们的护身符。"在解释"充分"或"尽量"，"世界化"或"现代化"的口号的缺点后，对胡适提议避免"全盘"两字的几个理由，进行了辩驳。陈序经最后表示，"相信百分之一百的全盘西化，不但有可能性，而且是一个较为完善较少危险的文化的出路"。

9 月初，马芳若编《中国文化建设讨论集》由龙文书店出版。该书中编"西化问题的讨论"收录了吴景超、陈序经、胡适、何炳松、陶希圣、张季同、沈昌晔等先生的西化问题文章共 57 篇，其中陈序经有 5 篇：《关于全盘西化答吴景超先生》《再谈"全盘西化"》《从西化问题的讨论里求得一个共同信仰》《读十教授〈我们的总答复〉后》《全盘西化的辩护》。《中编前言》写道：

> ……第一……同时这样分成为两派也是很唐突的，因为主张西化和主张中国本位的同派里，也有了矛盾、冲突的地方。或者可以说程度的高低。第二，这虽是一场混战，但是仍旧有小组可寻的。我现在大略地把他们分成三组：吴景超先生和陈序经先生等一组，胡适先生和何炳松先生、陶希圣先生等一组，张季同先生和沈昌晔先生等一组。其余的也可并到上面三组的任何一组；也可让他独立起来自成一派。
>
> 陈序经先生的《从西化问题的讨论里求得一个共同信仰》一文，我把他放在后面，初看起来，似乎是西化讨论的总结束。其实不然，他里面所说的并没有将所有讨论西化的文章作一结束，也没有想把所有讨论西化的文章，作一结束之意，不过将自己和吴景超、张佛泉、胡适之、沈昌晔诸先生的文章作一结束罢了。虽然如此，但是照编者看来，他已经把讨论西化问题的文章之精彩之部包含进了。

10 月，在《政治经济学报》第 4 卷第 1 期发表《蛋民在地理上的分布》。从两方面介绍蛋民在地理上的分布：一是历史上的分布，一是最近来的分布。

是年夏，在广州与岭南大学钟荣光校长商谈关于南开大学经济研究所与岭南大学的西南社会调查所的合作问题。议定先从事三种调查工作：一是华侨，尤其是暹罗华侨的调查，二是海南黎族的调查，三是顺德丝业的调查。

是年 5 月 25 日，冯恩荣编《全盘西化言论集续集》由岭南大学学生自治会出版，共收西化派文章12篇，内收陈序经所作的文章6篇：《关于全盘西化答吴景超先生》《评〈中国本位的文化建设宣言〉》《评张东荪先生的中西文化观》《都市文化与乡村文化》《再谈"全盘西化"》《从西化问题的讨论里求得一个共同信仰》。

《全盘西化言论集续集》主编冯恩荣在《弁言》中对这场论争的情况和出版缘由作了叙述：

> 自从陈序经先生的《中国文化之出路》那篇演讲辞于去年在广州发表以后（见廿三年一月十五、十六日，《民国日报》"现代青年"栏，八二六至八二七期），在南方便引起了一场关于中西文化的论战。
>
> 大约经过两个多月的光景，大家尚正在热烈的辩论的时候，《民国日报》的"现代青年"栏因事改组，使参加这个论战的人们，得不着一个充分发表的机会——尤其是从全盘西化论的立场，再来辩议说明的好几篇的文字，无发表的机会。然而为了使读者更为明瞭全盘西化的理论和立场起见，就不得不集合这些的稿件，和选出已经在"现代青年"栏发表过的几篇比较重要的言论，汇成一小册，叫做《全盘西化言论集》，于廿三年四月出版。
>
> 从这次的文化论战来讲，对于全盘西化论攻击得最剧烈的算是经济史观派，和一般所谓折衷派的论调。主张复返中国固有文化的简直可说是没有。然而细究主张经济史观的那些人的言论，其倾向仍是跳不出折衷派所划的圈子。他们的理论的错谬，矛盾与盲目的偏见，在这本集子里都是不客气地被批评指摘出来。这是我们现在回顾那一次的讨论所不能忘记的吧。
>
> 《全盘西化言论集》的出版，原可算对于全盘西化论立场的说明作一小结束。但是集子出了不久，便又重新引起了许多的讨论和批评的文字，见之于岭南大学校内的刊物，《广州民国日报》的副刊，以及外界的出版物中，也很不少（详见附录）。这样差不多又经过了一年多。
>
> 今年一月上海十教授发表了一篇很惹人注目的《中国本位的文化建设宣言》，而赞成那些言论的人们，在北方的论坛上开始对于全盘西化论，有所检讨，因而引起了在《独立评论》里最近一两个月关于西化的讨论。这个问题总算已引起中国智识界更深一步的注意了。
>
> 我们现在又集合关于这个问题的新旧文字，继续印行这本《全盘西化言论续集》，目的仍然不外是要把我们对于这个问题讨论所得更为明瞭的结论，公之于世，再由这一个结论的立场，把中国目前关于文化的各派别的错谬的思想，来再做一点积极的批评的工夫。希望从这些讨论的结果，可以帮忙中国找到一个较妥善完全的，较少危险和弊害的文化的出路。

《评〈中国本位的文化建设宣言〉》，是对十教授发表《中国本位的文化建设宣言》的分析与批驳，指出十教授在《宣言》里，虽然声明"不复古，不守旧"，然而骨子里，这篇宣言，却是一个复古与守旧的宣言。文章最后还表明了全盘吸收欧美文化的态度。

《评张东荪先生的中西文化观》，此文的副标题是"读《现代的中国怎样要孔子》后"。张东荪先生的文章《现代的中国怎样要孔子》的注重点是"依然在于由中西文化的比较而得指出民族复兴的路向"，反对全盘西化的主张。对此陈序经进行了辩驳，最后指出"除了我们彻底与全盘的打破所谓固有的文化，我们没有法子去尽量采纳西方文化，所以我的复兴民族的途径，也不外是要我们自动的，或像张先生所说自主的，不要留恋于固有的文化，尽量采纳西方文化"。

《说独裁》（手稿）①，不能确定写作的具体年代，但从文章内容可以断定，大致写于20世纪30年代初"民主与独裁"的论战期间。作者观点是："我以为从政治学的眼光来看，所谓独裁政治，既不是一种政体或制度而和民主政治对峙而能相提并论，从我们目下的需要来看，所谓独裁政治，并不是一种可以讨论提倡而能达到的政治。"

是年冬，完成约5万字书稿《全盘西化论》，首次从名词来源、意义的说明、理论的发展、理论的解释、理论的重建等五部分进行阐释。原拟由天津《大公报》社付印，惜"七七"事变，计划流产。

是年任南开大学经济研究所研究主任。

1936年 34岁

1月13日，在《国闻周报》第13卷第3期发表《一年来国人对于西化态度的变化》（完成于1935年12月30日），系陈序经对1935年全国性文化论战的总结。此文历数各方参与文化论战者在西化态度上的变化，结论是："一般趋向于复古论的人或主张老生常谈的折衷论的人固已多能改变其态度，而逐渐近于全盘西化论，而一般相信根本西化说的人，也多能改变其态度，而同情或赞成全盘西化论。而且我们可以说：复古派已像'死老虎用不着再打了'，折衷派也'受了很大的创伤'，很少有人相信。结果是：近于或赞成全盘西化论者，不但'占了优势'，而且日趋日多。"

4月3日下午，应邀为青年会举办的学术演讲周进行演讲，内容为"现代社会学的概况"。

4月12日，在《独立评论》第196号发表《乡村建设运动的将来》，对当时轰轰烈烈的全国性乡村建设运动进行了严厉批判。文章指出10余年来的乡村建设运动，已经有了很多失败，而且有不少还正在失败的途上。通过山西村治运动、河南村治学院失败的事实，以及梁漱溟、晏阳初分别对邹平、定县试验区工

---

① 张世保根据陈序经手稿整理，载《陈序经政治哲学研究》，人民出版社2007年版。

作所作的自我批评，认为"十余年来的乡村建设工作还未超出空谈计划与形式组织的范围"。就乡村建设工作的实际表现来看，乡建工作包括教育、卫生、政治、农业四个方面，实际上各试验区农业改良、地方自治、医院条件与卫生状况、教育水平等各方面成绩均令人失望。进而从乡建工作者表现指出乡建运动畸变的严重问题："今日一般之提倡与从事乡村建设的人，不但不能'自家创造出饭来吃'，连了深入民间也少能实行……一般热心于这种工作的领袖，每以为环境或他种关系，整天忙于招待参观来宾，招待关系上司，以至应付工作人员，管理各种事务，而好多普通工作人员又把这种工作当作进身之阶，吃饭之所，结果恐怕只是养出一个吃乡建饭的新阶级罢。"因此，总的现状是"乡村建设运动之在今日，好像差不多要到了专为着维持工作人员，保存乡建机关而工作的地步"。该文是少见的对乡村建设运动的全面否定，随即在国内引发了一场关于乡村建设运动的论战。

为了解乡建实际状况，从1932年到1936年春，陈序经还先后到广州、定县、济宁、邹平、青岛等地的乡村建设试验站进行实地考察。

4月，在《政治经济学报》第4卷第3期发表《蛋民的职业》。"蛋民的职业的种类，也很繁多，关于历史上所载的陆居蛋民的职业如何，我们不易知道。但是水居蛋民和现在之迁移陆居者的职业，大概可以略为叙述。"

5月3日，在《独立评论》第199号发表《乡村建设理论的检讨》。作者认为近年来乡村建设运动，在工作方面所以少有成效，并渐呈枯萎的现象，一方面固有客观条件缺乏的原因，如人才难找，经费不足，环境恶劣，等等，但从别的方面看起来，是由于理论方面的错误。在某种意义上，后者比前者好像尤为重要。理论方面的错误，分析起来颇为繁杂，比较重要的理论是：乡村建设复古的趋向理论，抵抗和打倒帝国主义的侵略理论，以农立国理论，农业是工业的基础理论，都市人返乡村建设、"智识分子"到乡间去理论，民主政治与乡村建设不能相容理论等。

7月，在《政治经济学报》第4卷第4期发表《蛋民与政府》，深入研究了历史上及民国时期政府与蛋民的关系。文章引用史料记载，证实政府之于蛋民，已用过两种方法来治理：一是武力的征服，一是德惠的柔化。文章详细记述了政府承认蛋民的法律及政治地位与其他国民处于平等的地位的历史过程，以及蛋民在实际上为政府服务及参加政治运动的概略。《广州民国日报》曾以《蛋民争选举权》为标题，略记蛋民要求选举权的运动，这可以说是蛋民在政治史上的一种创举。

同期还发表书评《近代政治哲学选读》，简介 Margaret Spahr 所编 Readings in Recent Political Philosophy（纽约麦克米伦公司 The Macmillan Company, 1935）一书。

同月，在《岭南学报》第5卷第1期发表《东西文化观（上）》第一编"复古主张的观察"，内容包括：孔家复古主张的解释、孔家复古主张的批评、评辜鸿铭的复古主张、评梁漱溟的复古主张。

8月，在《岭南学报》第5卷第2期发表《东西文化观（中）》第二编"折衷办法的派别"，内容为：道的文化与器的文化、中学为体与西学为用、精神文化与物质文化、静的文化与动的文化、植物文化与动物文化、人的文化与物的文化、所谓科学的选择办法。

10月，由天津到暹罗考查华侨教育。

11月，从暹罗回国途经香港，乘搭法国邮轮回家乡文昌。7日，由文昌出海口，下榻得胜沙街侨商旅店，当日应琼崖基督教青年会之请，莅会演讲。13日应邀在文昌县立中学演讲，称十年前已经在文昌县立中学做过一次谈话，今天感觉学校变化很大。给学生们讲述南方文化的特征：新文化的吸收，都以南方为起点；新商业的发展，也都在我国的南方。南方是新旧文化的渊薮。旧时的好多风俗，在北方已经找不到，但在南方的黎人，旧风俗仍然存在。"礼失求诸野"，中国旧文化有不少湮没了，但琼州腹地的人民生活中保存必甚多。琼州人对于新文化的倡导非常有功，利玛窦得到了琼州人王忠铭的帮助，才把西洋科学传到中国。琼州是植物标本采集及黎人种种风俗研究的宝库。读书要心到手到，还要脚到。读书到外方去开阔眼界，固然很好，但可由目前的种种事物，悉心考查研究，也会成功。在琼州言琼州，应从琼州方面去找材料来研究，将来不但对琼州有所贡献，对中国亦必有贡献。

12月，在《岭南学报》第5卷第3、4期合刊发表《东西文化观（下）》第三编"全盘西化的理由"，内第15、16章详述自明末至新文化运动以来的"西化主张的态度趋向"。第17章谈中国接受西方物质文化、基督教、科学、教育、政治、法律、道德、文学、艺术、医药的"西化采纳的事实趋向"。第18章"近代世界文化的趋势"论述自从文艺复兴、宗教改革以来，欧洲文化日益成为现代世界的文化，美国黑人、非洲人、南洋、日本先后西化，提出"假使中国要做现代世界的一个国家，中国应当彻底采纳而且必须全盘适应这个现代世界的文化"。第19、20章比较东西文化之高下。第21章"对于一般疑问的解释"针对反全盘西化观点加以辨析，申明全盘西化的必要。其结论："三十年来，国人一步一步地感觉到西化的必要；到了现在所谓纯粹主张复古的人，差不多可以说是完全没有，而思想的中心已完全趋于折衷，而所谓折衷或调和的论调，又已逐渐地从'中本西末'而趋到'西本中末'。同时也有三五的人士能够感觉到中国的文化，差不多样样都不如人而趋于主张全盘西化。"

是年10月31日，麦发颖编《全盘西化言论三集》由岭南大学学生自治会研究出版股出版，共收西化派文章12篇，内收陈序经文3篇：《读十教授〈我们的总答复〉后》《全盘西化的辩护》《一年来国人对于西化态度的变化》。《编者引言》对三年来中国智识界对于"全盘西化"的文化理论及其主张的反应与争论作了总体评价。认为讨论初期，反对论者好像是很有理由，但是讨论到最近的阶段，"不独反对全盘西化论最力的复古派已像'死老虎用不着再打'，就是老生常谈的折衷调和论，也'受了很大的剑伤，很少人相信'：这总算已引起中国智识界对于这问题更确定，更积极，再不容犹豫的态度了"。

1937 年 35 岁

4 月 7 日，在天津《大公报》第 3 张第 11 版 "经济周刊" 栏第 212 期发表《蛋民的生活》。曰：蛋民居于屋、栏、棚、艇，食以米、肉、蔬菜、咸鱼，衣大成蓝、薯凉布等土布。男子衣对襟，女子大襟。男子衣较短，而裤较长，女子则衣几及膝，而裤则有短至胫之上部。蛋民因生活困难少有嗜欲，一般乐戏剧、国技、象棋、麻雀等，因相济而成立"安人会""老人会""起盐会"等经济会社及维持治安的"保安会""沙南公所"。其妇女尤能吃苦耐劳，居家庭管理、经济的中心。

4 月 14 日，在天津《大公报》"经济周刊"刊载《乡村建设运动的史略与模式》。在史略部分，文章认为国人重视乡村的观念，本来很早，从老子孔子开始，"此后，王阳明、吕新吾，对于乡治不但重视，而且有具体的计划，并努力实行"。"可是严格的说来，乡村建设这个口号与这种工作之成为一种流行标语与有力的运动，还是最近十余年来，特别是近数年来的事。"文章对乡村建设影响较大的地区的开展情况进行了介绍，这些地区包括河北定县、山西，以及"在华北，自民国十七年以后，乡村建设运动较为发展最著名的，如中华平民教育促进会的定县实验区，燕京大学的清河试验区，河南镇平内乡的乡村建设，河南辉县百泉的河南村治学院，山东乡村建设研究院的邹平、菏泽等实验区；及青岛市政府在九水、阴岛、薛家岛、李村、沧口各处的乡村建设"。在模式部分，举出三个例子来做这个运动的模式的范例，即：邹平的山东乡村建设研究院，定县的中华平民教育促进会和青岛市政府的乡村建设办事处。

4 月 21 日，在天津《大公报》"经济周刊"刊载《乡村建设运动的组织与方法的商榷》，认为乡村建设运动在组织上太过复杂，在方法上也太过参差矛盾。（一）乡村建设运动组织上太过复杂。"乡村建设的机关或团体的数目太多，发展太快。""民国十八年以后，乡村工作的团体，始如春笋初发。到了民国二十二年，乡村工作讨论会在邹平开第一次集会时，这种团体之参加者有了三十余个。到了次年在定县开第二次集会时，到会团体有七十余个。""乡村建设团体数目之多，发展之速，从一方面看起来，好像是这个运动的很好现象；然而从别方面看起来，却也是这个运动的危险预兆。""能够埋头苦干、实事求是的团体实在很少。""有好多人与好多团体,从来没有丝毫注意到农村问题,可是一听了乡村建设运动是一种新运动,于是立刻改变方针,更换名义,以从事乡村工作,推进乡村运动。""其实,机关太多,不但在工作方面有了不少的重复,而且往往互相推诿牵扯。""好多所谓乡村建设的训练团体与机关,不但没有什么特殊之处,而且却有成为一种特殊阶级的趋向。"(二)方法上太过参差矛盾。"提倡乡村运动的人,有些如定县的领袖们,以为要从教育下手;有些如镇平的主持人,努力在保卫方面;有些如数年前的山西政府,以为要从地方政治做起;有些如近来的山西当局,又主张从'土地村有'做起;有些如金陵农学院,特别注重种子改良;有些如燕京大学,好像注重社会方面的改良;有些致力农村合作;有些提倡乡村工业。此外又如:邹秉文先生以为乡村工作,应提倡乡民爱国;沈昌晔先生以为乡村建设,应留意集体农场;梁漱溟先生以为这种运动,要先着重在'推动社会组织乡村';严慎修先生以为这种运动,为要忽略'古乡饮礼与古乡射礼'。""在理论上,一般提倡或从事于乡村工作的人们,也许侧重在某种方法,然事实上却不一定是这样。"

4月25日,自《乡村建设运动的将来》发表,《独立评论》刊载杨骏昌、傅葆琛、瞿菊农、涛鸣、陈志潜、黄省敏等的文章,《民间》半月刊、《文化与教育》旬刊、《政问周刊》等刊也有文章发表,多反对陈序经的见解,也有涛鸣、曹康伯等人同情或支持陈序经的基本观点。陈本人在《独立评论》第231号发表《关于〈乡村建设运动的将来〉》作答,曰:持批评态度的人,即使是"批评我很厉害而尽力辩护今日的乡村建设运动的工作的黄省敏先生,不但不能证明我所指出的各种困难与缺点是不对,而且一再承认今日的乡村工作的'不到家'与'不满意'"。重申乡村建设运动不是救国救民的道路、运动,各地乡村建设运动的衰落已成定局。政府机关如农村复兴委员会,学校实验区如燕京的清河镇,或则已被裁撤,或则停止工作。湖北乡村工作则沦为江湖式学者、政官,借主义、学说谋升官发财之道。

4月,在《政治经济学报》第5卷第3期发表《社会学的起源》。本文系统介绍了社会学的起源的各种学说及代表性著作。认为社会学的起源,"从时代上看起来,有的以为是在孔德以前,有的以为在孔德以后,有的以为在很古的时代,有的以为最近才发生。从国别方面看起来,有的以为在法国,有的以为在英国,有的以为在意国,在捷克。从思想的派别来看,有的以为在唯心派,有的以为在浪漫派,有的以为在自然派 Naturalism。从人物方面来看,有的以为始于孔德,有的以为始于斯宾塞尔,有的以为始于柏拉图……"。所谓社会学始于孔德,完全是注重在社会学的起源的形式或外表方面。这是因为"一来社会学 Sociologie 这个名词是孔德发明的,二来孔德是有意的去建立这种学科,三来他对于后来社会学的发展的影响很大"。

5月23日，在《独立评论》第235号发表《进步的暹罗》。岑家梧后来在《关于暹罗华化问题》一文中对陈序经这篇文章的写作背景做了介绍："国人对于暹罗问题的特别注意，可说是始于一九三六年六月暹罗当局改国号为泰之后，因为暹罗的改号，实有着煽动吾国境内少数民族的阴谋，所以学术界对于这个问题，曾有种种讨论。可是陈序经先生在五六年前，对暹罗早已有了深刻的认识。二十一年至二十五年间，他几次从暹罗考察归来，看见了暹罗社会文化的进步，同时又看见暹罗排华思潮的澎湃，二十六年便在《独立评论》发表《进步的暹罗》一文，唤起国人的注意。"

6月，到广东顺德了解蚕丝业情况。

6月，将有关探讨乡村建设运动的文章辑为《乡村建设运动平议》一书，由西南社会调查所出版。

7月，"七七"事变发生时，陈序经正在广东顺德考察蚕丝业。黄素芬带三个孩子匆匆南下，在天津的全部书籍、手稿和他指导的一些重要的调查资料均遗失。

7月底，北上到南京。

8月20日，离南京经汉口赴长沙筹建临时大学，在临时大学同人中，最先赶到长沙。

1938年 36岁

年初，与方显廷乘火车从长沙到桂林，再乘汽车到梧州，由梧州乘船到广州，再去香港，又从香港乘船到越南海防，再到河内乘火车到昆明，最后抵达蒙自，即国立西南联合大学（以下简称"西南联大"）成立初文学院与法商学院所在地。半年后，文学院与法商学院搬到昆明。

2月20日，在汉口《大公报》发表《国难与教育》。"九一八以后，而尤其是自去年抗战以来，国人有了不少觉得我们现在的教育，不足以适应于目前的需要，因而提倡所谓'国难教育'。""然而究竟什么是'国难教育'，直到现在，还没有一个具体的计划，与比较明瞭的解释。""顾名思义，国难教育可以说是为着应付国难而产生的……鸦片之战，可以说是近代国难的开端。甲午之败，庚子之祸，都不过是百年以来的比较重要的国难罢。""国难教育的历史，若是之久，然而这种教育，直至现在，还不足以应付国难，这是什么原故呢？我个人以为要想回答这个问题，我们至少要对于教育的方针与意义，有了相当的认识。""我们因为国难而提倡西化教育，差不多有七十年之久。可是七十年来，国人对于西化教育，少能诚意去提倡，少能澈底去讲求。""经过这次抗战以后，国人应当痛定思痛，不要再留恋于'向东跑'的口号，不要再沈溺于开倒车的运动，始能确定西化教育的途程，树立西化教育的基础。因为只有这种教育，才能应付国难，才能振兴中国。"

4月，任西南联大法商学院院长，主讲主权论、现代政治学、社会学原理、文化学、华侨问题。仍兼任南开大学经济研究所（在重庆）研究主任。

5月，当选西南联大校务委员会委员、图书设计委员会委员、聘任委员会委员，开始出席学校常务委员会会议，参与学校决策。

6月，由教育部聘定为教育部二十七年度国立各院校统一招生委员会昆明招生处招生委员会委员。教育部鉴于以往国立各院校招考新生均各自为政，为节省时间、费用及便利学生起见，于民国二十七年六月筹划二十七年度国立各院校统一招生，由教育部统一招考。教育部设统一招生委员会，规划并执行统一招生各事宜。统一招生同时在武昌、长沙、吉安、广州、桂林、贵阳、重庆、成都、昆明、南郑、延平、永康12处举行。

9月，在《农村建设》创刊号上发表《乡村建设运动平议》，实际刊载只是上年6月出版《乡村建设运动平议》一书的"绪言"。

10月16日，在《东方杂志》第35卷第20号发表《暹罗华化考》。

11月1日，在《东方杂志》第35卷第21号发表《暹罗华化考（续）》。

此篇文章，是陈氏在1932年至1936年间几次到暹罗考察后，对暹罗排华有了不少感触，继《进步的暹罗》一文之后的又一篇力作。岑家梧后来在《关于暹罗华化问题》一文中说陈氏写此文的初衷是："他写这篇文章的目的，是欲使中暹人士明瞭暹罗过去曾受中国文化的影响，暹罗现在应该感觉到排华政策的错误，而谋中暹两国的亲善。"关于陈序经的暹罗华化研究，岑家梧评论说："在陈氏写《暹罗华化考》之前，国人对于暹罗华化的问题，确是少有做过系统的探讨。陈氏此文，推之为研究暹罗华化问题的开山作，当不为过。"

11月，在《农村建设》第2期上发表《乡村建设运动平议（续）》，实际刊载只是上年6月出版的《乡村建设运动平议》一书的第一章"乡村建设运动的史略"。

下半年，在西南联大法商学院社会学系首开"文化学"选修课（此课在联大前后开了六次），并开始编订出较为系统的"文化论丛"大纲。

是年冬，特招东吴大学历史系毕业生吴保安（即后来世界史研究大家吴于廑）为南开大学经济研究所研究生。陈序经与吴保安谈话约一小时，问了好些问题，其中有的涉及东西方对知识的看法，陈序经当即决定吴不用考试，直接攻读研究生。但吴还在怀疑学历史的能否进经济研究所时，陈序经答复说："在学术道路上，不怕转弯，多转几个弯，自有好处。"并称自己就是转了弯的。

1939年 37岁

1月16日，在上海《东方杂志》第36卷第2号发表《广东与中国》，指出广东"从文化的各方面来看，不但是新文化的策源地，而且可以说是旧文化的保留所。从历史或今后的民族抗敌来看，无论在消极方面或积极方面，广东都可以说是抵抗外侮，与复兴民族的根据地"。关于广东是旧文化的保留所，作者从广东的语言、风俗、家族及思想等方面进行了分析说明；广东又是新文化的策源地，这是"自中西海道沟通以后，西方文化继续不断的输入中国。中国文化，无论在经济上、政治上、宗教上、教育上……都受了重大的影响，逐渐的趋于新文化的途径。固有文化在这种情形之下，也逐渐的呈了崩裂的状态"。最后期望："而今后，广东人愈要格外努力发展这种新文化，去抵抗外侮，复兴民族。"

3月，在《农村建设（贵阳）》第1卷第4期上发表《乡村建设运动平议（三）》，实际刊载只是1937年6月出版的《乡村建设运动平议》一书的第二章"乡村建设运动的模式"和第三章"乡村建设工作的观察"。

6月25日，在《今日评论》第2卷第1期发表《暹罗与汰族》，论述并驳斥暹罗排华史。曰：暹罗在1564年、1766年曾两度被缅甸人征服，直到郑昭1767年建都曼谷后，汰族在暹罗的政治地位始能稳固。1767年以后，而尤其是最近数十年来，汰族不断西化、汰化暹罗的异族，尤以奖励华侨与暹女结婚、强迫华侨子弟读暹文、反对与中国交换使节等手段，暹化华侨。暹罗近来又极力宣传唐代的"南诏是他们的祖国，中国的南部是他们的故乡"。实际上，暹罗境内，除了柬埔寨、老挝、马来由、缅甸各种人外，还有三百万至五百万的华侨，暹罗全国人口只有千万左右。大汰主义可能引起民族仇恨。况且，暹罗并非汰族的固有土地，原属于柬埔寨、马来由、甘莫等族。中国隋代即与此地有联系，早于汰族。汰族征服暹罗之后，以至19世纪中叶，还不断来中国朝贡，向中国称臣。

10月13日，三女云仙在云南昆明出生，取云南的"云"为名。

10月15日，在《今日评论》第2卷第17期发表《暹罗与日本》。文章指出："近来不但在国内政治方面，暹罗与日本不断偏向于法西斯帝国主义，而且在向外发展方面，我们南邻的野心，并不下于我们的东邻的野心。日本人的大陆政策，要想并吞整个中国，暹罗人的大汰主义，也未尝不想号召暹罗以外所有的汰族。大陆政策与大汰主义，名称虽是不同，实际没有什么区别，两者都是侵略的口号，两者都是错误，两者都是妄说。""然而从中国的立场来看，我们对于两者都要留意，对两者都要防备，我所以常常提醒国人不要蔑视我们的南邻，就是这个原因。"文章还指出暹罗最近的亲日排华政策是错误的，并对此进行了的"很不客气的指摘"。

是年，主持南开大学经济研究所工作。该所由天津南开大学社会经济调查委员会改组而成。天津沦陷，南开内迁，调查委员会工作一度停顿。其后西南联大迁滇，调查委员会恢复工作，并改称南开大学经济研究所。该会前在天津时，对社会经济，尤其对于工业经济，极为注意，各项研究工作亦颇具成绩。在陈序经主持下，仍继续以往工作，一方注重经济学理论上的探讨，同时恢复天津南大①时代之研究生制度，招收大学毕业生，从事研究工作，期满试验，授予硕士学位。

是年冬，在昆明编就《顺德缫丝工业调查报告》，署"吕学海、陈序经编著"。

1940 年 38 岁

1月14日，在《今日评论》第3卷第2期发表《暹罗与华侨》。"华侨在世界各处的人数最多的，要算南洋，而在南洋各处的华侨最多的，恐怕要算暹罗了。"文章认为"因为暹罗受了中国文化的影响太深，而尤其是因为华侨的经济力量太大，和华侨的人口的数目太多，所以暹罗的人民与政府，对于华侨特别顾忌。暹罗近年以来，民族思想与国家主义，很是高涨。对于华侨在一方面极力加以排挤，在别方面，设法使其暹化。所谓排挤与暹化，名义上虽是两件事，事实上却是一贯的政策"。文章描述了暹罗政府排华所采取的政策、法律规定和种种措施，提醒国人："暹罗以前是我们的藩属，现在却来压迫我们的侨众。暹罗以前曾深刻的华化，现在却来暹化我们的侨胞。这是值得侨胞的反省，这是值得国人的注意。"

2月16日，在《新经济》半月刊第3卷第4期发表《暹罗的人口与华侨》。文章认为：暹罗政府无时不是有意地把华侨的人口数目弄得特别的少，一是照暹罗国籍法，凡是生在暹罗的皆为暹罗人。因而华侨在暹罗所生的子女，暹罗政府都当暹罗人看待。二是暹罗政府因为对于华侨很为顾忌，施行暹化华侨的政策，不得不故意把华侨的人口的数目弄得很少。从人口的立场来看，汰族和暹罗当局的顾忌与排斥华侨，不能不说是一种错误。华侨之赴暹罗者十之九是男子，暹罗人口的总数是女多于男，于是暹罗政府不得不奖励华侨与暹罗妇女结婚，和特别的限制中国妇女人口，以调剂这个畸形的现象。暹罗政府排斥华侨，这岂不是互相矛盾的吗？以往暹罗富源的开辟，主要是得力于华侨，暹罗将来国家的发展，主要的还须依赖华侨。华侨在暹罗开辟富源，将来又为发展暹罗所必赖，暹罗人坐受其益而又无人满之患，那么暹罗政府限制华侨人口，岂不是有害无益之举吗？

2月，在《外交研究》第2卷第2期发表《暹罗的汰族主义与暹化华侨》。"暹罗改国号为汰，是统治暹罗的汰族的民族主义澎涨的表征。暹罗民族有了二十余种之多，除汰族外，其人数较多的为中国、老挝、缅甸、柬埔寨等民族。汰族既是暹罗执政权的民族，所谓大汰主义的实施，大概来说，是有两个方面的意义。一是企图联合暹罗以外的汰族，一是汰化或暹化暹罗境内的其他民族。暹罗

---

① 编注："南大"为南开大学的简称。

以外的汰族，是否能因暹罗境内的汰族改暹罗国号为汰而联合起来，这是一个值得讨论的问题。可是我们在这里，对于这一点，姑置不论。我们所要注意的，是暹罗的汰族的暹化暹罗境内的其他民族的政策。""所谓暹化暹罗境内的其他民族的最大问题，可以说是暹化华侨这个问题了。"华侨比之汰人多得多，汰族之特别想要排斥华侨。汰族排斥华侨的历史，至少有了一百多年。暹罗政府对于暹化华侨的实施方法，有积极方法，大约有三：一是用婚姻以引诱，二是用教育以陶染，三是用法律去压迫。还有消极的办法，有二种：一是限制在中国的华人入口，一是反对与中国交换节使。暹罗政府在积极方面与消极方面虽然想出好多方法来压迫华侨，但事实恰好相反，这不但不会暹化华侨，反而引起华侨的民族意识。

3月，在《时事月报》第22卷第2期发表《暹罗与英法》。文章首先简略地介绍暹罗与英法两国在地理上与历史上的关系，接着说明"近来暹罗对于法国固有恶感，对于英国也没有好意"的缘由："暹罗在一百年来，无日不受到英法的压迫，所以近年以来，排斥英法的思想越来越凶。"并认为："暹罗这时已经找到了它的与国，这个与国正帮忙暹罗，拼命地离间暹罗与英法的关系。这个与国不是别的，就是日本。"最后指出，暹罗"这种排英法、亲日本的趋向，固有其历史的背景，然而却是一种短见的政策"。

5月5日，在昆明《中央日报》发表《纪念"五四"运动感言》，称："'五四'运动是青年反'巴黎和约'的签字，与曹、陆、章们的亲日的政策。这本来是一种政治的表示，然而这种政治的表示，又可以说是那个时代的新文化运动的反映。""这个运动之所以重要，不只是因为它能根本的主张西化，而且澈底的批评中国固有的文化。""廿余年来倭寇的侵略既日趋日极，而汉奸的把戏又日唱日多，所以今日的国人，而尤其是青年们，所负的责任比之廿年前的人们的，要大得多。这又是纪念'五四'运动的青年们所要特别注意的。"

6月4日，在澄江真理学会讲演"谈读书方法"。

7月8日，写作《新中国的诞生》。这篇文章"不只是回忆过去的意义的重大，而且对着未来也有了无限的展望"。"抗战建国已成为我们一个最实际的口号。抗战是我们的消极工作，而建国是我们积极的工作。""新中国固然在抗战中诞生了，可是新中国的振兴尤更赖于我们今后的努力。"

暑假，预备从安南到暹罗、马来半岛、新加坡，经缅甸回国。然到暹罗边境却染病，滞留柬埔寨首都金塔、越南河仙亲戚家里，调养月余回昆明。

9月15日，在《今日评论》第4卷第11期发表《越南与日本》。文章认为："日本侵略安南，是实现其南进政策的表征。"文章从法德英美的立场，说明日本侵略越南面临的种种困难。另外，"日本占据安南，中国决不能容忍。中国与越南，不但有悠久的历史的关系，而且两国人士向相友好。越南若与中国之敌为友,不但不见得讨好于日本,而且必为中国所难忍受"。文章描述了日本为占据越南而采取的种种卑鄙手段,如对于越南政府,时而威吓,时而引诱,同时又拉拢暹罗的军阀与煽动越南的土人,等等。文章最后呼吁:"我们深切地希望,暹罗的当局,以及越南的人士,明白日本不只是东亚的公敌,而是世界的公敌。它现在已成为困兽,并吞越南的实力既不够,而在国际上又没有与国。只要暹罗的当局与越南的人士,不要上倭寇的当,那么倭寇要想并吞越南,并非一件容易的事了。"

9月,在《读书知识》第1卷第8期"每月讲坛"栏上发表《谈读书方法》。该文是6月4日陈序经在澄江真理学会讲演"谈读书方法"的整理稿,由李繁新君笔记整理。陈氏认为"读书重要,而读书方法尤为重要"。读书方法有六种:口到、心到、耳到、眼到、手到、脚到,而以脚到甚为重要,但这并不是说前"五到"不重要,而是"真正要使学问达到良好的境地,必须脚到"。这就是陈氏读书方法的"六到"观。

12月1日,在《今日评论》第4卷第22期发表《悼丁佶先生》,深切表达对南开大学的同事、好友丁佶先生的怀念,赞扬了丁佶先生热爱南开、专心致志于学术研究,及其敬业精神和对学生的关爱。

12月15日,在昆明《中央日报》第2版发表《泰越冲突与泰国危机》。指出泰越冲突会使日本坐收渔利,给日本占领东南亚提供有利条件。泰国亲日而反抗英法美,那是最愚蠢不过的政策。希望泰国当局尽快觉悟,共驱东亚的公敌。

1941年 39岁

1月5日,在昆明《中央日报》上发表《释现代生活》,提出现代的生活要从生理与文化两方面去解释。生理方面要有强壮的身体,不但是抗战救国的需要,也是日常生活以至讲求学问的需要。在读书、做学问方面,特别强调要"脚到",即"用脚力去做实地调查工作"。从文化方面来看,"我们所要的现代生活,主要与根本上是现代的西化的生活",这是"最具体、最实用与最需要的生活"。

1月26日,在昆明《今日评论》第5卷第3期发表《抗战时期的西化问题》。该文集中批驳了抗战中张申府的《文化教育哲学》小册子、冯友兰的《新事论》12篇和贺麟的《文化的体与用》一文中关于文化走向的观点,认为他们三人"对于文化的根本原理与文化的实际应用却有不少曲解之处";指出这三人在表面上虽异于全盘西化论主张,在消极方面却"是近于全盘西化的主张";文章的结论是,"在抗战时期,事实上我们固是趋于全盘西化,态度上,我们也是趋于全盘西化"。此文一出,在《今日评论》上又引发了一场关于中西文化问题的小论战。除上面提到的冯友兰直接回应陈序经的文章外,该刊相继刊发了蔡枢衡、伍启元、吕学海等人的数篇相互辩驳的文章,讨论"特别起劲"。由于《今日评论》后来对讨论又失去了兴趣，论战在 1941 年 3 月上旬基本收场。

5 月 31 日，在《民族文化》第 2 期发表《广东与中国》。这篇文章是发表于 1939 年 1 月 16 日《东方杂志》第 36 卷第 2 号上《广东与中国》的增订版。作者挖掘和利用更丰富的史料、更充分的史实，说明："从'原始'文化的种类方面来看，广东可以说是'原始'文化的展览会。从中国文化的新旧方面来看，广东不但是新文化的策源地，而且可以说是旧文化的保留所。从历史或今后民族抗敌来看，无论在消极方面，或积极方面，广东都可以说是抵抗外侮与复兴民族的根据地。"

是年，国民党组织通令西南联大各院院长必须加入国民党，陈序经拒不服从，教育部特让北大校长蒋梦麟劝说，陈序经回答："如果教育部不任用非国民党员当法商学院的院长，那么撤我的职好了，我宁可被撤职不当院长，也不参加国民党，但是我不会自动辞院长职。"此事后来经张伯苓、蒋梦麟与教育部协商而不了了之。

1942 年 40 岁

1 月 19 日，在《当代评论》第 2 卷第 2 期发表《师范学院的存废问题》，反对增设师范学院，指出"近年以来，教育当局，除在好几个国立大学加设师范学院之外，还开办独立的女子师范学院，这不只是抗战以后的高级教育上的一种值得注意的事件，也是我国近代整个教育上的一种很为重要的设施"。在论述了我国师范学院的发展历史、目的、性质、功能作用及与高等教育的关系后，指出："总而言之，在目前的中国，而尤其是在抗战的时期，师范学院的增设，在理论上固然未见得很健全，在事实又有很多的困难。这是提倡师范制度的教育当局所不当忽视的，而况抗战以后，一般原有的大学的各学院，因人力与财力的缺乏，维持原来的状况，已成为事实所不许；再要增设师范学院，不但师范学院的本身的人力与财力，很为缺乏，而难于发展，而且恐怕直接上或间接上还会影响到原有的其他学院的发展，这又是提倡这种制度的教育当局，所要特别加以注意的。"

2 月，在重庆《妇女新运》第 4 卷 2 期发表《中国妇女运动过去与将来》。叙述 20 世纪以来中国妇女运动的发展，指出"除了体格的发展与智识的发展之外，在政治上、在职业上，以至在社会的其他工作，女子之参加的也逐渐增多"，打破了不少旧观念、旧制度，"那么今后的妇女运动，无疑的要使妇女得到较多的自由与较多的平等"。

6 月 21 日，在昆明《中央日报》第 3 版发表《谈救济华侨》。自南洋战事爆发，而尤其缅甸失陷以后，华侨逃难回国的，络绎不绝，因而救济华侨，成为一个重要的问题。作者提出了救济华侨的种种办法及建议，包括采取疏散华侨、送回原籍等措施。并认为不仅对逃难回国的华侨，而且对在南洋被压迫的华侨，也要予以救济。

8月30日下午六时，西南联大旅渝同学会在中苏文化协会开会，到百余人。法商学院院长陈序经即席致词，表示西南联大在抗战未结束以前，决不解散。

9月16日，南侨协会在中央党部大礼堂举行第一次座谈会，讨论南洋问题，并邀请西南联大法商学院院长陈序经对南洋问题做通论性讲述。陈序经对华侨在南洋的经济、政治、教育问题，历举事实，探研总结，认为繁荣南洋，工作艰巨，必须鼓励优秀份子前往，而在战时，亦不必全归，仍须有留守据点之人，以待异日之复兴也。

11月1日，撰写《国立西南联合大学六周年纪念感言——谈联大精神》，感叹"联大之所以成为联大，除了有了真正的合作精神之外，又有其真能吃苦的精神"。

12月5日，撰《杨林之游》，未发表。主要叙述作者乘坐火车往返昆明与杨林，完成"杨林之游"，感叹乘坐火车的困难，车速之慢，"至于查票员的有否作弊，铁道上的职员是否乏礼貌，还是个问题。搭车既是那拥挤，不但好多人没有买票，而且有时候根本没有人查票。国家的收入的减少也算罢了，养成人民坐车不买票的习惯，尤是一个大问题"。痛陈铁路系统管理与人事的缺点，痛斥国内火车的腐败。提出"叙昆铁道是新开的铁路，车头车辆虽因国难时期而无法改善，至少在人事与管理方面应有一般新气象"。

12月，在《民族与国家》创刊号发表《南洋与青年》。曰：随着南洋的开发、土著教育的发达，土人逐渐争夺华侨的固有地位，现在没有智识的人不易在南洋谋生。不要忘记南洋是人类的宝库、是世界的乐园，"我们今后怎么样的去保持我们的固有经济地位，怎么样的去发展这些宝藏，这都是我们而尤其是我们青年的责任"。

是年，开始参加有关南开大学复校的准备工作。

1943年 41岁

5月15日，在昆明《自由论坛》第1卷第4期发表《"五四"文化运动的评估》[①]，曰："五四"文化运动的价值，与其说是在于积极地主张接受西洋的文化，不如说是在于消极地反对孔家的思想。陈独秀、胡适所提倡的西化，大致不外是民主主义与科学精神，都是严复、胡礼恒、容闳的主张。非儒的言论，并非始于"五四"文化运动的领袖们。周秦时代的庄子、墨子，汉代的王充，明代的李卓吾，都是反对儒家的代表人物。不过自中西文化沟通以后，积极提倡西化，而同时又极力反对孔教却是始于"五四"文化运动的时代。

10月24日，在《云南日报》"星期论文"栏上发表《宗教与中国》。文章

---

① 编注：经查原文献，该文所在页面标为"第1卷第3期"，实为印刷错误。

是针对胡适所说"中国的文化有了几种特点,而宗教心理的薄弱,就是这种特点之一",以及刘叔雅(文典)认为中国无宗教的观点,进行驳斥。文章详列事实,说明中国不仅是一个信仰多神的国家,而且不能说是一个宗教心理薄弱的国家。

11月3日,在昆明《扫荡报》第3版,发表《论中暹的关系》,文章指出暹罗与中国的关系至为密切,至为悠久。直到十年前,因为暹罗人受了日本的煽动,于是排华运动日趋激烈,使在暹罗的华侨,蒙了有史以来所未有的损失。暹罗应通过与中国交换使节、取消对华侨的一切不平等的待遇与法律等措施,改善与中国的关系。

12月11日,在《当代评论》第4卷第2期发表《乡村建设的途径》。文章首先分析了乡村建设运动的开展与衰败的原因,认为:"自民国十五年,至民国二十五年的十年间,'乡村建设'这个口号,可以说是轰动一时,而'乡村建设'这个运动,也可以说是蔓延全国。"但"'七七'事变发生以后,这个运动受了一个很大的打击,而各处的实验工作,差不多完全停顿"。"然而事实上,就使没有'七七'事件的发生,乡村建设的工作是否能够维持下去,已成了一个问题。其实,据我个人的观察,乡村建设的运动,在抗战以前的两三年,已有了日落西山的景象……""我个人以为乡村建设运动之所以衰败的主要原因,是因为在理论上,就有其根本错误的地方。一般提倡乡村建设的人们,都以为中国自来是以农立国,所以今后的中国,还是要以农立国。他们所提倡的乡村建设运动,也可以说就是农村建设运动,因而他们遂成为农本主义的推动者,在积极方面,他们既主张以农为本,在消极方面,他们是反对工业的发展,反对都市的发达。""这种乡村建设理论的错误,我在《乡村建设运动平议》一书里已经指摘出来,我在这里只要指出,因为目前的工业落后而不得不主张重农,这是一错误,这是自暴自弃。"然后提出乡村建设的途径应该是:"以工业为前提,以都市为起点。"

12月16日下午七时,青年会举行社会问题最后一次讲座,请陈序经讲"中国近代维新思想的发展"。

12月19日,在昆明《中央日报》第2版发表《欢送参加战时工作的大学学生》。西南联大第四年级的学生,决定全体参加战时工作,陈序经对此进行了评述,认为这是一次创举,大学生参加战时工作,不只是对于国家尽了国民的天职,对于个人也有很多的益处。

是年,被聘为云南省府民政厅设立的"云南边疆行政设计委员会"顾问。

1944年 42岁

1月16日,在昆明《正义报》第2版"星期论文"发表《论战后南洋华侨的经济问题》，对南洋华侨的经济命运深感担忧。他指出，在抗战以前，由于殖民地或居留地政府颁布法律限制华侨经济的发展、土人的经济势力的膨胀、日本势力的伸张，华侨经济已有了日落西山的景象。在抗战胜利后，殖民地政府改善土人的待遇，颁布好多条例限制华侨，同时由于土人智识的发展，华侨教育在质的方面还很为落后，南洋华侨发展有了很大的危机。如果政府、国内人士，不为南洋华侨同胞设法以维持与发展其经济地位，只是对不住他们，而且是对不住国家。

3月，西南联大法商学院组织宪政演讲会，每星期五晚十时半，假该校昆北食堂，举行宪法问题系列演讲十讲。陈序经讲第二讲"中华民国与宪政"。

4月1日，在《自由论坛》第2卷第4期发表《维新运动的历史意义》。指出维新运动，时间虽短，但在历史上的地位却很重要，"因为这个运动，在广义上，是鸦片战争以后的变法运动与文化改革的一个重要的关键；在狭义上，是我国的专制政体与革命运动的一种折衷的办法"。其中，废八股与裁减行政机构，是维新运动消极方面最具体的工作，兴学校、设新局，是维新运动积极方面最具体的工作。

4月21日，作为"云南边疆行政设计委员会"顾问，被邀参加云南省民政厅举办的边疆问题座谈会，探讨如何利用政治力量以开发边疆。陈序经在会上指出，边地的开发，有强迫的被动，不为让其必然的自动。因此要移民开发，交通第一。要内地人民能移入边区，要使边区物产发生经济上的价值，首应使交通方便。

6月24日，与杨振声同行，搭中国航空公司的飞机离重庆，前往美国。此行是应美国国务院约请到美演讲与研究一年。他们先后到印度东北部的汀江机场、北部的加尔各答，再从加尔各答乘美国军部航运司令部的飞机飞往纽约，沿途住美军营，受到殷勤招待。按当时国民党要求，教师出国考察访问须先到国民党中央训练团受训，但陈序经拒不受训，只同意当局请他去训练团讲课一次，他谈了约两小时的中国工业问题。

7月4日，抵达纽约。居美期间，前半年在美讲授中美关系、国共合作，考察纽约、克利夫兰、芝加哥、欧班那、圣路易斯、洛杉矶、旧金山、西雅图、华盛顿等地；后半年在耶鲁大学讲授主权论。这次访美，还曾晤谈爱因斯坦。

11月22日，在重庆《大公报》发表《借镜与反省——十月十七日在旧金山对国内广播》，称通过自己对美国的观察与考察，美国有三点值得我们借鉴与反省：第一，美国在大战中成为同盟国的军需、武器库，不但对民众生活无多大影响，而且自珍珠港事件以来，物价增长不到百分之三十；同时民众收入较战前增加百分之百以上，其生活反较战前充裕，而仍讲求战后复兴计划。第二，恰逢杜威与罗斯福竞选总统，互相指斥，便于民众自己决定是非，主持正义。公开的批判与讨论精神，就是民主政治的真谛。第三，美国一般人民"至少是希望我们要像美国一样的富而强、一样的民主化"。唯其如此，才能裁制日本的军国主义，才能保持将来的东亚的和平与太平洋的和平，以至全世界的和平。

是年，担任中央训练团党政训练班第 31 期指导员。

1945 年 43 岁

1 月，在美国出席"太平洋国际学术会议"，提交英文本论文 China and Southeastern Asia（即《南洋与中国》）。太平洋关系研究会中国分会于 1945 年在重庆以书的形式出版该论文。全书分为 7 个部分，分别为南洋与中国的关系、华侨在南洋的经济地位、日本在南洋的利益及其目的、华侨与南洋土著居民的关系、发展机遇、南洋的反华浪潮、战后的南洋问题及其政策设想。

2 月 17 日，四女渝仙在重庆歌乐山中央医院出生，故以"渝"为名。

8 月 11 日，年前在美国考察任务完成，从美返国，由印飞昆赴渝，抵达昆明机场小憩。

10 月 25 日，在重庆《大公报》第 1 张第 3 版上发表《我们岂能再容忍暹罗》。文章首先简略概述了我国曾经与暹罗的久远的友好关系，接着叙述了暹罗排华的历史。二十世纪的初叶，暹罗的第六世皇就位之后，暹罗排华思潮逐渐膨胀。日本失败之后，他们明白大汰主义成为梦想，因而又改国号为暹罗，排华的举动日益厉害。在华侨庆祝日本投降的时候，暹罗不但不共贺胜利，反而演出屠杀华侨的惨剧，排华行为层出不穷。文章希望我国政府与人民对于这事加以特别注意，并采取有力措施保护华侨，"因此，我们不能不希望政府从速设法去制止暹罗这种排华的行为，在必要的时候，还可用在越南北部的国军去保护暹罗的侨胞"。"我们岂能再容忍暹罗？""我们想想，在国人欢祝胜利的时候，而在暹华侨，犹遭残杀，血流湄南，此而可忍，何以为国？更何以为胜利之国？"

10 月，西南联大决定自本月 16 日起，每星期二、五下午七时，在昆北食堂举行"战后之中国"第二次系列演讲，陈序经的讲题为"战后的中国与南洋"。

10 月，西南联大十教授为国共和谈致电蒋介石、毛泽东，要求停止内战，实现国内和平民主，陈序经是其中的一位。

11 月 11 日，在昆明《中央日报》第 2 版，发表《论国立大学与私立大学》。"好多大学之逐渐改为国立大学，是近年以来我国大学教育上一种很为显明的趋势。"这种趋势，对我国大学教育前途有何影响，或是否健全，作者对这个问题谈了自己的见解。

12 月 20 日，在昆明《时代评论》第 8 期上发表《平景庄：游美杂记之二》。以平景庄为例，描述美国农民生活的休闲舒适。

12 月 25 日，在《建国导报》第 2 卷第 5 期发表《美国的教育》，在访美期间，陈序经对美国教育进行了深入的考察。美国的小学及中等教育很为普及，高等教育很为发达。美国小学乃至中学的授课时间少，科目少，但收效却大。我国应借鉴，调整中学的科目。美国的大学可分为公立和私立，美国大学成立较早、历史较长的是私立大学，最好的大学也是私立大学。文中对公立和私立大学的经费来源、运行管理机制进行了介绍，并把大学分成大的大学和小的大学进行分析。

12月，旅渝暹罗华侨互助社编印出版《暹罗问题专题集》，收录10月25日重庆《大公报》发表的《我们岂能再容忍暹罗》一文。

是年，最终完成200万字的"文化论丛"（共20册）。内含《文化学概观》（4册）、《东方文化观》（1册）、《中国文化观》（1册）、《西洋文化观》（2册）、《东西文化观》（6册）、《南北文化观》（3册）、《中国西化观》（2册）、《美国文化观》（1册）。"文化论丛"从文化理论推衍到东西文化发展、交流的历史与现实，并依据自身的文化理论提出自己明确的现实文化发展的主张。具体来说，在中西文化观、南北文化观上，依据文化进化论理念文化层累说，文化重心说，文化交流的一致与和谐原理，论证东西文化、南北文化在宗教、政治、经济等不同时代的表现，以及以现代经济的文化、伦理的文化为中心的共同归宿。如陈序经所说："我是从文化本身上的普通与根本的原理而谈到东方与西方的文化，再从东西两方的文化，谈到所谓南北的文化。这是一种理论的研究，这也是一种事实的解释。这是一个历史观，也是一个世界观 Weltanschauung。""文化论丛"的写作开始于1940年秋，至1942年秋，两年中共写30余万字，"差不多完全是我在天还未亮的时候所写的"。因进展缓慢，陈序经遂决意专心工作，加快进度，"设法每天于早晨四时至四时半之间起床工作"，从1942年10月到1943年5月，8个月时间"平均每月差不多写八九万字至十万字"，在1944—1945年访美期间，又依观感写成《美国文化观》，最终完成这一自成体系的文化学巨作。

1946 年 44 岁

1月8日，张伯苓致函商务印书馆主事者王云五，力荐"文化论丛"在商务出版，称："敝大学教授，现任西南联大法商学院院长，陈序经先生专心写作，积二十余年之工完成文化学丛书，计二十册，约共二百余万言。该书除对于文化学之根本概念加以探讨外，对于中西文化之研究尤为注意，可称国人十年来对此问题之一个总检讨，在当前学界实为罕见之巨著。"

1月10日，在《建国导报》第3卷第1期发表《再谈美国的教育》，继上年发表的《美国的教育》后，进一步介绍美国的大学教育，对美国的大学规模，男女生招收情况、技术教育等进行了考察分析。美国大学不仅重视科学学理方面的研究，对于应用的工科以及纯粹的理科，固是很为注重，对于所谓文法各科，以及其他的社会科学，如政治、经济、文学、历史、哲学等也相当重视。

2月16日在《建国导报》第3卷第3期发表《美国人的经济生活》。认为美国一般的人民日常经济生活，是均平的。美国的物质的进步之快，在于美国对于物质文化的推进，不只是以少数的人民为对象，而是以大多数的人民或是全民为对象的。

2月23日，与西南联大教授110人（该校教授共130余人）联名对东北问题发表宣言如下：

> 东北是中国的领土，东北问题是世界和平的关键。这次大战既导源于东北之横遭侵略，而永久之和平，亦必以中国完全收复东北为始基，设使中国不能完全收复东北，不但我们抗战未获结果，即盟邦与我并肩作战，亦失其意义。国际正义既受严重之打击，世界和平亦失确切之保障。
>
> 去年八月，我们政府签订中苏友好同盟条约，其中若干部分使我们至感失望。然为求远东之安全，更为维持世界之和平，我们始作最大之容忍，未加反对，只希望此为我国最后之牺牲。万一对方于我们这种忍痛默认之条约尚不能遵守，甚或更有进一步之要求，我们誓不予以承认。至于雅尔达秘密协定，中国既未参加，应认为对我根本不生效力。中国领土必须完整，主权必须独立。关于收复东北，政府必须遵守这一最高原则，尽速完成建国工作，奠定远东安全基础，以确保世界之和平。
>
> 因此我们要求：（一）政府披露中苏签订条约以来，一切有关东北问题的谈判经过，并拒绝再作妨害主权的任何协商。（二）政府与苏联均应忠实履行中苏协定，苏联应尽速撤退在我东北驻军，归还一切工厂设备与资源，不得有超出中苏条约范围以外之任何行动或措施。
>
> 我们要保持世界和平，我们必须要保持中国领土完整与主权独立。我们希望与世界任何国家合作，我们反对任何国家侵犯中国主权，威胁世界和平。希望全国人士，不分党派，一致在维护领土完整与主权独立原则之下，努力收复东北，增进中苏邦交，共为世界和平而奋斗。

3月22日，《日本与南洋》发表在《正义报副刊》（昆明）第1版，该文系陈序经1945年1月在美国弗吉尼亚温泉镇举行之太平洋学会第九次会议所写之论文《中国与东南亚洲》中的一章。原文用英文写成，承作者特许由谢汉俊译出。文曰："尽管在南洋的日本人的百分比是很低，日本政府却常欲把南洋先发展成为其货物市场，而后继之使其变为它的政治附属物。这便是日人所谓的'南进政策'。日本的南进政策是与其先取满洲而后取中国以为其殖民地的'北进政策'或'大陆政策'相对的。"

3—4月间，去越南河内、海防，拟取回南开大学寄存的部分书籍。然书籍被日人运往东京，后经交涉，始还南大。这次还到越南北部做过一些调查，对越南的状况有颇多无奈与感慨，发表了"越北杂感之一"等系列文章。这些文章，一些后来集结成《越南问题》一书。

4月12日，在昆明《正义报副刊》第1版发表《南洋各地对华侨的歧视》（谢汉俊译）。文章根据南洋各地所加于华侨的限制的一般及主要的特点，做概括的叙述，并举出若干例子以为说明。认为"就一般而论，排华行动可以分为两大类：一类是抑制南洋各地华侨的数目之增减，一类是限制南洋各地华侨的活动"。"第一类限制行动又可细分为两种：一种是抑制华侨移民增加，一种是减少华侨的数目。在后一种，系以驱逐为其达到目的的手段。"华侨在南洋各地的活动所受的限制，可分为两大类：一是经济方面的，一是非经济方面的。关于经济方面的限制，最重要的，是在许多地方，华侨都不准领有土地。非经济方面的限制，其最重要的，是对南洋各地的华侨教育的限制。这些限制在日本侵入南洋后更为严重。

4月19日，在昆明《正义报副刊》第1版"华侨与经济"栏发表《河内与海防的今昔》。"河内是法国统治越南的首脑，海防是法军开入越北的门户。在河内与海防，就能看出法越问题的要点所在。"

4月21日，在昆明《正义报》第2版"星期论文"发表《法军入河内》。谴责法国军队从海防开到河内后的种种过火、越轨行为，"不只是使越南人增加了仇恨法国人的情绪，而且使所谓统治者的尊严完全扫地，使法越的问题愈趋严重"。"法国军队之入河内，对于越人固有好多越轨的行为，对于华侨也有很多令人失望之处"，文章指出"越南应该是越南人的越南，最近的法越协定，也未尝完全否认这种原则。法国军队到了越南，若不尽力去设法与越南人合作和好，而却处处去引起反感，那么将来法越多问题之将愈趋于严重，是不可免的了"。

4月26日，在昆明《正义报副刊》第1版"华侨与经济"栏发表由谢汉俊译的《战后南洋问题与政策》。陈述战后南洋华侨利益的保障问题。文章主要是针对战后南洋仍存在的许多对华侨的限制和歧视，作相应的应对建议。指出"防止日人在南洋取得任何的立足点，乃是将南洋的一个最危险的因素清除"。"除了日本人的威胁以外，还有许多对华侨的限制与歧视呀。而由于所有这些限制与歧视，都是由各殖民地政府，特别是泰国政府所发动与支持，所以，很明显地，除非是各殖民地及泰国政府，将其对待华侨的政策改变，不然，和平与繁荣就必很难恢复或促进。"为达到此项目的，作者认为首先须有更多的华侨，参加各种的立法机关。"其次，中国应与在南洋拥有殖民地的国家，分别缔结条约，对住在南洋的华侨之经济及其他权益，加以确切保证，使华侨对于南洋的劳务与贡献，不致被忽视。""第三，美、英、荷、中，以及其他在南洋有密切与直接利益的国家，应建立一集体的组织，来管理所有南洋各地人民的福利与利益，同时，维持南洋的安全，以防止侵略者的侵略。"

5月6日，在上海《大公报》第1张第2版发表《压迫重重的越南华侨》。5月12日，天津《大公报》、重庆《大公报》也登载此文。文章回顾了法国占据安南之后，以及日本人占据越北的时候，华侨所受的种种压迫。日本投降后，我国的军队与政府人员在越北的时期，虽然也给予华侨不少的麻烦，使华侨失望，然而他们热爱祖国的心理并不因之而减少，反而增加。他们感觉到国军完全撤退之后，他们又要处在别人的淫威之下。所以华侨派代表去见我国在越北的军事当局，希望国军暂勿撤退。

5月12、13日，在上海《大公报》发表《论法国人在越南的尊严——越北杂感之一》。文章叙述法国统治越南并歧视安南人与华侨的历史，但日本占据越南及日本向中国投降后，法国人的尊严一再受损，近来安南人要求独立自主，不再相信"法国人的所谓神圣不可侵犯的尊严"。法人在安南的优渥的生活、优越的经济地位也随之丧失。5月27、28日，重庆《大公报》第1张第3版连载此文。

6月9日，海南先进人士在广州市政府迎宾馆集议，决定成立"私立海南大学筹备委员会"，为创设私立海南大学准备。为扩大声援，连络445位军政学商界名人为创校共同发起人，由宋子文领衔，陈序经位列发起人名单。

6月28日，在昆明《正义报副刊》第1版发表《越北杂感之———中越的民族关系》。"华越民族因为地理之接壤，历史的关系，以至于华族的南迁，与两族的互婚的结果，是使两种民族久已混合。因此之故，所谓中越人民的分别，与其说是种族上差异，不如说是在政治上两者属于两个不同的政治团体。质言之，就是两个不同的国家。"

7月，北大、清华、南开三校本届联合招生，决定在平、津、昆、汉、渝、沪、粤七处同时举行。陈序经为广州区负责人。

7月，在《边政公论》第5卷第1期发表《政治经济上的琼崖》，指出抗战以来，琼崖因在政治上、经济上占有很重要的位置，逐渐引起国内外人士的注意。呼吁国人多多关注收复后的琼崖的发展，希望大家进一步从事实际的政治、经济建设工作，尤其希望政府与地方人士注重治安与教育问题。

8月1日，在广州《南方杂志》第1卷第1期重刊《论法国人在越南的尊严——越北杂感之一》。

8月6日，抵穗。应广州市文化运动委员会邀请，做公开演讲，讲题为"从南北文化谈到南方文化的研究"。

8月15日，在《东方杂志》第42卷第16号发表《论中越法的关系》。文章以日本投降为时间节点，详细叙述了历史上中越法的关系与自日本投降后的中越法关系，提醒国人关注抗战后的法越问题和排华问题，担忧越南华侨生命财产的安危。这篇文章，是作者因1946年3月到越南看到的情形，引起的感想而作。部分内容由"越北杂感之一"系列文章构成：《越北杂感之一——中越的民族关系》

（发表于昆明《正义报》1946年6月28日第5版）、《日本败后的中越法的关系——越北杂感之一》（昆明《正义报》1946年10月6日第2版）、《法国灭亡越南的回顾——越北杂感之一》（昆明《正义报》1946年10月27日第2版）。

是月，南开大学复校。西南联大正式分家前，北京大学有人拉陈序经就职北大，但陈序经因一直深得张伯苓的器重，且因南开校园被炸，觉得重建、重振南开，自己责无旁贷。陈序经在复校后的南开大学身兼三大重任：教务长、经济研究所所长、政治经济学院院长，并一度代理政治学系主任。同时又任南开大学聘任委员会委员、招考新生委员会和毕业成绩审查委员会负责人以及训育委员会当然委员，被张伯苓倚为"左右手"。在教学上，为政治学系、经济学系开设"社会学"，侧重讲述文化问题。复校后的陈序经尤为繁忙，他说："我每天都必到每个办公处一次，在教务处的时间较多，政治经济学院次之，研究所又次之，有时黄子坚先生外出时（如到南京催款），他的秘书长（即总务长）的图章也交与我。我同时还教三门功课九个钟头，有时写文章。"

8月19日，在《闽南新报》第3版发表《越北通讯　河内海防今昔观》，是《河内与海防的今昔》（发表于4月19日昆明《正义报》）的异名文章。《河内与海访》（收录于《越南问题》）亦是此文的易名。

9月1日，在广州《南方杂志》第1卷第2期发表《南方与所谓固有文化》。作者认为，南方在近代中国文化上有两种特殊的意义：一方面，它是新文化的策源地；另一方面，南方却是我们固有文化的保留所。为什么说"南方是我们固有的文化，或旧的文化的保留所呢？"文章指出："这不只是由于中国固有的文化，在大体上是从北方而趋于南方，而且是由于固有的文化之在北方的，因为时代的变化，而尤其是受了外族的文化的影响之后，所谓好多本来的真面目，已经改换或消灭。但是直到现在，却还有不少的这些东西，流传或保留在中国的南方，这是研究中国的固有的文化的人们所应加以注意的。"

10月6日，在昆明《正义报》第2版"星期论文"发表《日本败后的中越法的关系——越北杂感之一》。叙述日本投降以后的中越法的关系。文章认为自日本投降以后，同盟国方面要中国军队到越北接受投降事宜，这是安南的中越法关系的一个新纪元。但中国政府却与法国在重庆签订了《中法条约》，使安南人认为中国把越北交与法国，这岂不是中国出卖越北吗？此文为《论中越法的关系》（发表于1946年8月15日《东方杂志》第42卷第16号）第五小节的一部分内容。《论中越法的关系》即《越南问题》一书中的《海阳桥》一文。

10月11日，在六里台南开办事处（旧中日中学校址）接受记者采访，称南大已定于本月十七日开学，同时该日亦为南大校庆日及复校纪念日，届时将在八里台旧校园合并举行纪念仪式。二年级以上学生定本月十五日至二十五日注册，二十八日上课。

10月17日，南开大学在八里台旧址举行复员后的第一次开学典礼，同时"庆祝该校四十二周年及复校一周年"。学生、校友、来宾及该校教职员共三百余人参加。教务长陈序经报告南开大学由私立改为国立之经过，并称今后南开将兼有国立之优点及私立之长处。

10月27日，在昆明《正义报》第2版发表《法国灭亡越南的回顾——越北杂感之一》。此文为《论中越法的关系》第四小节的一部分内容。《论中越法的关系》发表于1946年8月15日《东方杂志》第42卷第16号。

11月1日，在广州《南方杂志》第1卷第3、4期合刊发表《南方与西化经济的发展》。作者通过大量的史料和学者研究的成果，指出中国的南方是中外接触的首冲，中国的南方不只是在中国的经济上占了很重要的地位，而且是新式经济及新式商业的策源地。由于西洋商人到中国之后，中国南方在经济的生活上又逐渐地受了西洋的影响，因而中国经济的西化，也是策源于南方。

11月9日，接受记者采访，谈南大建设及中国的民主。陈序经谈：南大复校之初，原定私立，复员费不过为一种补助，但各校校舍设备破坏之甚，却以南开为最，然又限于经费，不能大规模修建。虽如此，教授薪金仍感困难，发薪时半赖向银行商借。现黄秘书长已成了"借款专家"。复员之初，南开本预备暂从一年级办起，后改国立，又增加安插分发学生的困难。截至目前，已到校教授、讲师等共约60余人，学生约300人。事变前南开原有文、理、商三院，旋将商学院改为法商学院。今后拟合并原属文学院之政治系，另成政治经济学院。新设立工学院计分电工、化学、机械三系，现已筹备就绪，决与其他各院同时开学。谈及目前之内政问题，陈序经称："中国经济危机，已日益加深，经济崩溃之原因，由于政治不上轨道。民主政治在现阶段中国，距离尚远，但民主风气之养成，却须首由大学作起。"

11月，南开大学第四次行政会会议议决暂组学生生活辅导委员会，代行训导处职务，并聘定陈萌毅（主席）、陈序经、司徒月兰、刘伯荟、郭平凡等为该会委员。

南开大学自11月20日开课以来，已经十余日，同学选课多集中在几位名教授的课上。陈序经先生的政治学、社会学，因教室座位有限，多临时加凳。

11月30日，南开大学教务长陈序经，在上海为南开教育行政事与校长张伯苓晤商，并向教育部接洽。

12月，参与北大、清华、南开数十名教授联名上书蒋介石，要求改善教师生活。

是年，出版《蛋民的研究》（商务印书馆）、《乡村建设运动》（上海大东书局），后书即1937年出版之《乡村建设运动平议》，只是增加《都市与抗战》一文作为附录。《蛋民的研究》一书，分为十章。书中有丰富的历史考证与实地调查材料分析。第一章叙述疍民的起源，第二章叙述疍民在地理上的分布，第三章叙述疍民的人口，第四章叙述疍民与政府的关系，第五、六章分述疍民所从事的职业和受教育的程度，第七、八两章述疍民之家庭婚姻及宗教迷信，第九章述疍民的生活状况，第十章介绍疍民的歌谣。《乡村建设运动》一书共分八章和两篇附录。第一章为乡村建设运动史略，第二到第七章分述乡村建设运动的模式，对乡村建设工作的观察，理论的检讨，组织的商榷，方法的批评，乡村文化与都市文化。第八章分析乡村建设运动的途径。附录两篇文章为《关于〈乡村建设运动的将来〉》《都市与抗争》。

1947 年 45 岁

1 月 7 日，南开大学教务长陈序经由沪返津。据谈："在沪时接校方报告，学生罢课，故即兼程赶回，于三十一日登轮，预定两日半可到，不意走了五天，抵天津时，学生已经复课了。"最后又谈到北平美兵暴行事件，陈氏说："知道的不清楚。"所以不愿发表意见。关于学生罢课问题，他说："学生热情，自无可非议，但站在负学校行政责任的立场，不能不问问。而今学生能自动复课，这实是好现象。"

1 月 12 日，在琼崖中正学校校董会成立大会上，被聘为名誉校董。

2 月，南开大学陷入办学困境，陈序经教务长谈：（一）南大近两周未休学者约十余人，大部因经济困难，间有一二系因功课关系，至未报到注册而请求保留学籍者，尚有 40 余人；（二）学生膳务纠纷，希望同学再加以常识判断，由自身解决；（三）学校教授阵容，不能如理想。

3 月 25 日，在《实业之友》创刊号发表《中国新式农业的发展》。中国素称以农立国，国人从来不仅有重农思想，而且认为农业与工商业是对峙的。中国的农业已经发展到不能再有发展的限度，苟非其农业的本身以外的力量，去改变其方法，则中国的农业是难于发展的。所谓其农业本身以外的力量，从经济的范围以内的力量来看，可以说是商业与工业；从经济的范围以外的力量来看，可以说是近代的科学。中国的农业，若要改良，则不得不改革中国的商业，更不得不改革中国的工业。

4 月 16 日，在《中山日报》第 7 版，发表《关于西南文化的研究——序岑著〈西南文化论〉》，为岑家梧先生所著《西南文化论》做序言。指出中国西南各省的民族繁多，文化复杂，是原始文化的展览会，是中国固有文化的保留所。

4 月 23 日，在《实业之友》第 2 期发表《我国新式商业的发展》。中国素来重农轻商，对商业不但不提倡，反而时时抑制。中国商业能够真正趋于西化的途径，是鸦片战争以后。文章对新式商业中的商埠、铁路、航空、邮政、交通、金融、百货公司、旅行社与旅店事业、商法、新式会计制度等进行了研究分析，并陈述了商业与政治、教育事业的关系。

5月16日，在汉口《读者》第3卷第5期再发表《论国立大学与私立大学》。

6月，私立海南大学筹备就绪，校址设在海口椰子园，校董会拟聘请陈序经为首任校长。

7月15日，在新加坡《南洋杂志》第1卷第9期再发表《南洋与青年》。

7月20日，当选"市民治促进会"理事。平津文化界胡适、梅贻琦、张伯苓等六十余人发起组织"市民治促进会"，旨在以市民立场，促进都市民主政治之实现。参加人士除北大、清华、燕京、南开、师大等大学教授外，还有平津两地工商、医学、工程界等知名人士。

7月29、30日，在《武汉日报》第3版、济南《山东新报》第2版发表了《南洋华侨的教育问题》，昆明《正义报》则在30、31日连载。作者认为南洋华侨的经济的危机的原因，不只是由于殖民地、居留地政府的经济的各种限制，而且是由于土人的智识的发展，加以华侨教育的落后。文章第一部分把华侨子弟所入学校的情况分成了三种进行深入分析：一为在外人在南洋所开设的学校中读书，二为回国而入一些为华侨子弟而设立的学校或其他的学校，三为在南洋华侨自己设立的学校里求学。在详细分析了这些学校的设置和华侨子女入学接受教育的情况后，特别指出"今后对于华侨教育所要特别加以注重的，是华侨在南洋所设立的学校。假使这些学校，办得好了，不只好多想入西人或土人所办的学校，会进了这些学校，就是毕业之后，在当地以至回国升学，也有很大的好处"。因此文章特别介绍了南洋华侨学校创办的历史及办学情况，认为"从学校的量的方面来看，三四十年来，南洋华侨学校的发展，相当的快。可是在质的方面，却有好多大要改良的地方"。并在分析了造成南洋的华侨学校之所以在质的方面不满人意的原因后，呼吁："今后我们要想在南洋发展经济的力量，以至维持我们侨胞原有的经济基础，除了设法去鼓励国内的有识之士，与专门人才，向南洋去之外，对于今后南洋的华侨教育，还要特别的加以改善啊！"

8月5日，陪同张伯苓校长拜访美国特使魏德迈。

8月，清华大学校长梅贻琦提名陈序经为中央研究院首届院士选举的候选人，指出陈序经"对于研究文化要义颇有研究"。

9月10日，在天津《大公报》发表《廿年来的南开经济研究所》，介绍该所创立过程与发展历程，创立过程包括创办人物、经费、所址、图书情况，发展历程主要介绍该所自建所以来的学术工作。"本所的研究的范围，是偏于经济方面。然而我们也可以指出，二十年来我们的研究的范围是很广。包括了所谓社会学的全部。""然而若就廿年来的研究的历史来说，我们研究的重心，可以说是偏于工业化方面。"

是日，参加庆祝南开大学经济研究所成立二十周年大会。

9月11日，在天津《大公报》发表《与胡适之先生论教育》，反对胡适近期提出的两项教育主张：（一）在最近五年内，政府重点扶持北大、清华、浙大、武大及中大；（二）反对近年来留学政策。是文发表后，上海《大公报》9月21日，重庆《大公报》9月23日，永安《中央日报》10月7日，亦相继刊载，在报刊上引起一场高等教育发展问题的讨论。

9月26日，到北平，与北平市各院校商洽实物配给问题。

10月2日，参加在燕京大学召开的中国社会学学会第一届年会北平区分会，专题讨论"中国工业化的前途"，当选北平区分会理事。

10月3日，应政治学会邀请，出席政治学会首次常会，并发表演说。

10月17日，南开学校创立四十三周年纪念，也是张伯苓校长办教育四十九年的纪念日，同时又是南开男中复校二周年与南开女中复校一周年纪念。在四重纪念意义下，大学及男、女中展开了盛大的庆祝节目。陈序经主席报告：因为人太多，所以大、中学部分别举行。

10月，海南大学筹备完竣，定期开学，与宋子文等15人由该校筹委会推定为董事。

11月1日，在《中学月刊》发表《青年与南洋》，是文为《南洋与青年》之易名文章。

是日，是西南联大九周年校庆日，南大学生自治会和联大校友下午二时在东院礼堂合并举行纪念仪式，联大教授多人出席演讲。陈序经教务长先指出联大校庆应该是8月19日，教部核准联合之日，该年应该是十周年；然后推崇蒋梦麟、梅贻琦、张伯苓三常委的合作精神，认为联大成立是中国教育史上的一件大事。

11月5日，答复自治会质问。南开大学本年度有若干学生系教部派送前来，未经考试，就入学上课，近来校内各社团表示反对，并由自治会向学校提出质问。教务长陈序经正式答复：（一）教部派送入学部的都是华侨学生，而且只有十五名；（二）其余入先修班的都经过正当入学手续，且先修班原为救济失学青年而设，今年缺额很多，并非额外收容。

11月17日、18日，天津《大公报》连载《公论耶？私论耶？》。是文针对北大法学院院长在报上支持胡适的教育主张，认为胡适重点扶植五所大学的计划是"公论"，陈序经从五所大学的具体表现、学术独立的应然立场等方面予以驳斥。

11月25日，被推选为天津图书馆常务董事。

11月22日，在《世纪评论》第2卷第21期亦刊载《公论耶？私论耶？》。

11月，《文化学概观》第一至四册在商务印书馆出版。《文化学概观》系国内首次以"文化学"命名的学术著作，注重文化学本身的理论分析，自成系统，具有学科开创性的贡献。全书分四册，第一册是对"文化学"的学科定位，"文化"的定义，及学科史的梳理。第二册介绍欧美学界研究文化现象的各种视角，及陈序经对文化的基础的认识，提出了自己关于文化的综合的基础的看法，即文化包括地理的基础、生物的基础、心理的基础、社会的基础。第三册从纵横或动静两个层面探讨文化自身的性质与变迁，其中第一编从静态或横向层面依次探讨文化的性质、文化的重心、文化的成分、成分的关系，第二编从纵向或动态的角度探讨文化的发生与变迁。在文化变迁观上倾向突变说："文化的进步，主要的是依赖于突变，突变不但是由新刺激而来，而且可以引起新刺激。"第四册内容较杂，但主旨明确，是进一步探讨两种文化接触的"一致与和谐"的原理，以及世界文化的发展方向。在文化发展的模仿与创造观上，更强调模仿的重要性，认为"模仿是发明或创造文化的基础"，并明确指出："在文化程度高低不同的团体之间，两者接触起来，假使文化低的团体，而欲与文化高的团体，并驾齐驱，则不能不模仿。若欲驾而上之，则非努力先事模仿，是不易作到的。"最后以西方文化为时代新文化的明确观点结束全书："所以，从目前来看，所谓中国的旧文化与新的文化的区别，事实上，又不外是东方的文化与西方的文化的差异了。"是书出版后，广获高度评价，如人类学家岑家梧在其发表在《南风》月刊1948年第2期上的长篇书评中，称赞"文化论丛"卷帙浩大，"为年来国内学术界所仅见"，是"一部不朽的巨著"。又从学科建设的角度高度肯定《文化学概观》的开创性贡献："假使中国今后文化学的研究，能有多少的成就，则陈氏开山之功，不可磨灭。"

12月8日，在《中华日报》第1版发表《建国应以城市为起点》。此文相继发表在许多报刊上。9日，《中央日报》、天津《益世报》、《中山日报》、《经世日报》同时发表，10日济南《山东新报》、16日兰州《和平日报》、21日昆明《中央日报》和柳州《广西日报》、24日《西北文化报》等亦登载。指出建国事业虽是千端万绪，然而"民主政治的实现，工商农业的发展，以及教育的量的增加与质的改善，都可以说是建国的主要工作，同时这些工作的推动，最好是以城市为起点"。

12月20日，在上海《观察》第3卷第17期发表《论发展学术的计划》。继续反对胡适通过重点扶植五所大学以发展学术独立的十年计划，指出目前中国的大学教育尚处在萌芽状态，学术水准很落后，主张一个合理的计划应该是："我们对于已经办理得有成绩的院系，既应该加以特别的鼓励，而对于大学教育的区域的特殊性，也应该加以特别的注意。"

12月，在南京《世纪评论》第2卷第23期发表《选举·宪政与东西文化（一）——评梁漱溟的〈预告选灾·追论宪政〉》，在《世纪评论》第2卷第24

期上发表《宪政·选举与东西文化（二）——评梁漱溟的〈预告选灾·追论宪政〉》。①

是年，与张锐等12人被聘为天津市市府顾问。

是年，陪同张伯苓与魏德迈会面。魏问：假如美国帮助中国，应该帮哪些人？陈答：不应帮助国民党，而应帮助私营工业界及文教机关。

1948年46岁

1月2日，在天津《大公报》发表《南洋华侨经济的危机与展望》，指出华侨在南洋经济蒙损原因：第一，殖民地或居留地的政府，颁布人头税、入口税等条例，以限制华侨的经济的发展；第二，土人经济势力膨胀；第三，日货畅销。战后，华侨经济出现转机，国民政府应利用外交方式保护华侨，奖励知识人士赴南洋发展华侨教育。

1月3日、4日，在重庆《中央日报》上连载《论选举》。

1月，在南京《世纪评论》第3卷第1期、第2期连载《宪政·选举与东西文化——评梁漱溟的〈预告选灾·追论宪政〉》后二篇。陈序经在《世纪评论》上分四次连载这篇长文，系针对1947年9月梁漱溟在《观察》第3卷第4、5期中连载的《预告选灾·追论宪政》一文的集中批判，梁文将当时进行的全国宪政选举视为"选灾"，认为模仿西式选举只会增添中国的散漫混乱，西洋的竞争斗争不但不能学，而且西洋人也必且学走和合的中国之路。对此，陈序经严厉批评梁漱溟在宪政观与中西文化观上的"错误百出，矛盾丛生"。指出：（一）承认西洋选举制度的弊端，但不能因噎废食。承认西洋的选举制度在中国实行有不少弊端，就是在西洋也还有流弊。但民主、选举、宪政本身是必须追求的，不能因有弊端而漠视，应该努力在推行中逐渐发展。（二）取法西洋宪政的必要性。"中国的法治、习惯、条件种种，以至道德知识水准，都比不上西洋，质言之，也可以说是中国文化是比不上西洋的。"因此，"中国需要西化，彻底的西化，全盘去西化，竞选固要兴办，法治、习惯、条件种种以至于道德知识水准，也要改善"。（三）取法西洋宪政的可能性。苏联、日本能取法西洋，坐收西洋发明之功，中国亦能如此。从百姓的角度而言，实行选举，"也是推动民主宪政的一种主动力"。（四）中国传统并无民主精神与容忍之道。针对梁所称许的古时乡举里选，陈序经认为固有的选举有名无实，"中国不但没有民主或民治的制度，其实也没有这个观念"。诸多史实与事实说明，传统思想并无容忍之道，以儒家思想去调和西洋的民主精神，"是很大的错误"。

1月6日，在天津《大公报》发表《对于扶植华北工商业的一点意见》。曰：

---

① 校按：此文连载，后三篇标题均为《宪政·选举与东西文化》。

"近年以来我国的工商的凋敝的情形，日甚一日，这是大家所公认的。自最近来，政府宣布停止生产贷款与限制汇兑以后，工商业上所产生的问题，愈趋严峻。经济部天津工商督导处，为了这件事，曾请本市的工商领袖与一些人士，于前数日开了一个座谈会，这也可以见得代表政府的机会，已感觉到目前北方经济窘迫的状况，而欲博采周谘，以求补救的办法。作者因事未克参加，没有机会去领受参加这个会的工商领袖与人士之言论。然而个人对于这个问题，却有了一点意见，愿意写出来，以供大家参考。"

1月11日，出席西南联大津塘校友会召开的理监事会会议，决定办理校友登记，以后每月举行联谊会一次。

1月26日，《前线日报》又载《建国应以城市为起点》。春，因家事回广州。4月前后，先后到香港、泰国、马来西亚、吉隆坡、新加坡等地考察。在香港、广州，岭南董事会与同学会的负责人力劝陈序经出任岭南大学校长，被陈序经拒绝。

1月，南开大学学生自治会呈文陈序经教务长，请求把教部新颁布的"半年计分制"延期到三十七年度起始实行。陈答复："对于学生的困难，可以加以考虑。"学生的请求要由下次教务会议讨论决定。

2月4、5日，重庆《时事新报》再连载《论选举》。

2月14日，致函《世纪评论》，曰："《世纪评论》三卷二期，至今没有收到，顷在图书馆读该期所发表《张东荪先生来函》，始知张先生对我有了误会，不得不说明。我在《选举·宪政与东西文化》一文中，引了张先生数段话之后，曾说'若照张东荪先生这种说法却等于西学为体中学为用的主张了'，并非说他主张'中学为体西学为用'。大约他没有细心去读这段话，使他有了误会。这真是'差之毫厘，谬之千里'了。"

2月17日，因要去南洋考察，决暂离教务长兼经济学院院长之职，校方决定请物理学主任吴大任代理教务。

3月8日，在《武汉日报》第2版发表《新南洋的展望》，9日《中山日报》，10日《申报》、《经世日报》、兰州《和平日报》、济南《山东新报》相继发表。曰：日降后，美国承认菲律宾为独立国家，英国承认印度、锡兰与缅甸的自主地位，荷兰与法国，尽管设法去维持其南洋的殖民地，可是印度尼西亚人与安南人的民族自决的运动已兴起。马来亚在南洋诸民族中民族主义与国家意识的色彩较淡，也正努力去推动其独立运动。华侨在南洋暹罗、马来半岛、新加坡占大多数，操控南洋商业，据农、工、矿业优超地位。然而，南洋各国成为独立国家后，假使没有政治制度民主化，政治力量完全操纵于土人之手，华侨将没有参预政治的机会，而且恐怕华侨的经济力量，又必受到土人的压迫。暹罗的汰人一向利用政治力量去限制华侨经济的发展，菲律宾人以至最近的印度尼西亚人也有了这种趋向。我们庆祝、期待南洋诸国的独立，尤希望在南洋新国家中，不要再有一个民族压迫其他民族的现象。

4月1日，在《民主时代》第2卷第1期发表《现代美国乡村与城市文化的关系》。"乡村化的城市，与有城市的方便的乡村，是现代文化的一种特色，假使文化而可以叫为乡村文化，或城市文化，那么现代的文化，是两种文化混合的文化，而这种混合的文化，也是美国文化的趋势。"

4月，乘休假之便，漫游东南亚各地，藉省亲友。7日，抵曼谷，接受专访，谈东南亚侨情。称：东南亚各地华侨之情形，与民族主义之迅速兴起及当地人民获取经济控制相较，实已退化。廿年前首次来暹时，暹罗于各方面均甚落后，然十年后二度来此时，已有长足进展，而今次来暹所见与前十年者又迥然不同。暹罗华侨之情形似已相当进步，唯未能与当地人民进展之速度相比。

4月9日，道经曼谷，受暹罗潮州中学校长郭文彬敦请，到校演讲，并由分会同学公宴陈博士，藉表欢迎。

4月20日，在《社会学讯》第7期发表《研究西南文化的意义》。"西南文化为什么值得我们这样深切的注意？我常常认为，西南是西方文化输入最早的地方，是新文化的策源地；西南又是中国传统文化传播最迟的地方，是固有文化的保留所。再从另一方面看，西南的民族极为繁复，若干文化还保存着原始文化的特征，西南又可说是原始文化的博览会。因为有了这几方面的特色，西南在中国文化史而至一般文化学的研究上，就有极重大的意义。"

5月9日，在香港《大公报》"星期论文"栏发表《中国与南洋》（5月16日在天津《大公报》、重庆《大公报》同时刊载，5月27日在上海《大公报》刊载，5月30日在《时代晚报》、6月3日在上海《益世报》、6月4日在《时代晚报》亦有刊载），反思中国文化对南洋影响较弱，而印度佛教文化流行于暹罗、缅甸、柬埔寨，回教文化流传马来半岛，基督教盛行菲律宾的原因。新加坡来佛博物院崔特，以为马来亚人文化太原始，应"赶上去授受中国的文化"。陈序经则认为：华侨因出于谋生目的，"不只对于中国文化的传播上，没有余力去推动，就是他们本身之受过教育者，也是寥寥无几。而且国内之一般文人学者，又往往昧于内中国而外夷狄的偏见，以有蛮貊之邦，不足以谈教化，不愿到这些地方去作工作，结果是无论在地理上、在人口上、在历史上，两者的关系，虽很为密切，然而在文化上，却没有多大的影响"。国人未能与南洋民族达成文化的体认、心理的谅解、精神的结合，在南洋诸族心目中，华侨不过是"东方的犹太"，只会剥夺其资源，民族仇恨的裂痕由此而生。

5月26日晚，陈序经携夫人与孩子乘"秋瑾"轮回到天津，校长张伯苓、秘书长黄子坚、教务长吴大任、训导长傅恩龄和学生代表共数十人去码头迎接。陈序经本年二月去南洋考察，历时2个多月，曾到香港、暹罗、新加坡等地。

5月28日，天津《益世报》刊发《陈序经谈南洋侨情》。文曰：新加坡华侨分左右两派。南洋与国内的橡胶大王陈嘉庚，为反政府方面的领袖，他反对内战、贪污腐败、国民党的政府。英国人对新加坡华侨"并没有什么限制，一切表面上的言论与集会自由，华侨都可以享受到。这一点是我们应当惭愧的"。暹罗华侨不愿去领事馆登记，以保持一个"非华非暹，又华又暹"的身份，利于生存。

6月7日，考察南洋回国后接受《大公报》记者袁澄的采访。陈序经是2月下旬离开天津赴暹罗、新加坡、马来半岛各地考察的。陈序经在接受采访中，首先阐述了南洋与我国在历史、地理上的关系，接着对华侨在经济、公共建设上对南洋的贡献及南洋华侨的教育状况进行了论述，认为"南洋自荆棘遍地而有今日的建设，华侨的功绩，不可埋没。南洋的建设史，也就是华侨流血流汗的辛酸史"。最后对我国与南洋的现状及华侨在南洋的处境进行了分析。特别沉重地指出："南洋各地的排华事件目前十分严重，至少在暹罗的华侨生活在水深火热之中，忍受荼毒，现况至惨。但何以积怨至此？这是个极其复杂、扯连极大的问题。"原因在："上溯我国近年来的外交，积弱不振，百事以忍为原则，但最大原因，尚在华侨之到南洋，致全力于经济开发，不重文化的宣扬。"

6月26日，在《复兴日报》第1版发表《论中国与南洋的外交》。（6月27日昆明《正义报》、《四川时报》、柳州《广西日报》，8月1日《平民报（大众联合版）》，9月22日《浙瓯日报》相继刊载。7月2、3日《中兴日报》以题为《论我对南洋外交》发表，7月16日贵阳《中央日报》、8月12日汕头《汕报》则以题为《论我国对南洋外交》登载。）指出我们对于南洋的外交，不只要有一个统筹办理的政策，而且要有才干的人物，与充分的人员，才能够应付。

7月，校长张伯苓即去南京接考试院院长职，连日安排南开大学、南开中学校务。南大校务由组织校务委员会处理，陈序经、杨石先、黄钰生等分任委员。

7月23日，离津去平，转赴岭南大学任职。陈序经自5月回到天津后，张伯苓受岭南董事会的请求，亦同意陈序经出长岭南大学，但条件是："可以答应陈序经到岭南，但每年陈序经需回到南开三个月至四个月。他的往来旅费由南开出，他的薪水也可以考虑由南开给。"

7月24日，国立南开大学校长张伯苓为发展该校校务，并以广州市缺乏公立大学教育机构，拟于广州市设立南开分校为由，商请名教授陈序经持公函赴市政府，谒见欧阳市长略述设立分校原意。

8月1日，应岭南大学美国基金会聘请，出任该大学副校长（代理校长）。一年后，李应林校长辞职，陈正式出任校长。

是日，在《社会学讯》第3期发表《我怎样研究文化学》。该文实为20册"文化论丛"的跋，详述自己对文化研究兴趣的由来，创立"文化学"科、讲授文化学课程、撰写"文化论丛"的艰难经过。

8月中旬，接张伯苓电报，到南京见张伯苓。原来张伯苓就任考试院院长后，按制度规定，不能兼任大学校长，但当时教育部长朱家骅允许张伯苓指定南开校长人选。张伯苓认为陈序经是最合适的人选，希望陈序经从岭南大学回来出长南开。陈序经因为刚就职岭南大学，加以在南开的资历并不长，故另提南开校长人选，提出何廉最为适宜，他们整整谈了三天，张伯苓终于同意了陈序经的提议，决定由何廉接任南开大学校长。

8月21日，国立北平研究院首届学术会议，经该院院务会议决定于9月9日该院十九周年纪念日起举行，会期一月半，首届会员已经该院院务会提名，决定者90人，计分十组。陈序经为第六组社会科学会员。

9月2日，几百个留港岭南同学举行联欢会，欢迎该校新任校长陈序经博士，盛况为迩来教育界集会中所罕有。这是陈任校长后首次来港。

9月16日，岭南大学怀士堂举行首次大学周会，暨补行本学年度开学典礼。陈序经在校长训词中，总结该校特点：（一）岭南办学不分国界，是一个国际学术合作的团体。（二）岭南是由国人接来自办的第一个教会大学。（三）大学男女同学，岭南实行最先。（四）岭南在学术的发展上无宗派之分，注重自由讨论的精神。表示愿与同事、同学以合作精神，为教育、学术、国际文化努力共勉。

10月3日，在天津《大公报》发表《"大泰主义"的抬头》。曰：泰族占暹罗人口的三分之一，却是统治民族，无论是从民族主义立场，还是民主主义观点来看，都不合理。泰族对占人口比例最大的华侨，用强力威胁，用法律制裁，用婚姻引诱，用教育熏染，并借日本之煽动，加强泰化与排华。泰族宣传中国西南的河山、众多民众是其"故乡""同胞"，拟联合缅甸的掸、安南的佬，以至柬埔寨人，成立所谓"大泰帝国"。銮批汶系暹罗"大泰主义"提倡最力者，本是战犯，却逍遥法外，在4月又主持政权，更凶残虐待华侨，封闭华侨学校、报馆，限制与压迫华侨工商界。

10月7日，作为岭南大学校长兼南大政经学院院长，与何廉同车抵津，参加南开学校10月17日创立四十四周年纪念日活动。

10月27日，在《华北日报》发表《论留学》。（10月31日《中华日报》，11月7日柳州《广西日报》、11月9日兰州《和平日报》、11月17日汕头《汕报》相继刊载。）对我国一些人士反对留学，抗战后政府当局对留学又严加限制进行了抨击。主张尽管国家财力紧张，亦当鼓励和支持留学。

11月1日，在香港《大公报》上发表《悼卢观伟先生》。11月10日，《岭南大学校报》（康乐再版号第86期）第1—2版转载《悼卢观伟先生》，系对上月去世的挚友卢观伟先生的悼念文章。

11月21、22日，在香港《大公报》连载《卢观伟的西化论》。上海《大公报》11月23、24日连载。文章通过对卢观伟在民国二十三年和二十四年发表的《我们要一个新文化哲学》（登载在吕学海编《全盘西化言论集》）和《趋于全盘西化的共同信仰》（登载在冯恩荣编《全盘西化言论续集》）两篇文章的介绍，揭示卢观伟的全盘西化观。卢观伟以为全盘西化的理论，是中国近代思想史上的一种逐渐发展的结果。我们近百年的历史的事实也是这样的趋向："趋向于全盘西化的途径，虽则百年来经过不少的波折，遇到不少的阻力。"卢先生主张向西走，没有折衷的可能。

12月19日，在《社会学讯》第8期发表《社会学与西南文化之研究》。同日，中国社会学社广东分社第九届年会在岭大农学院举行，各大学社会学系教授、社会学专家等共百余人出席。演讲"社会学与西南文化之研究"，曰：因中西接触后，社会文化时刻都在变动之中，社会问题日趋严重，发展中国社会学尤有现实性。由于西南民族繁多、原始的氏族文化与近代的都市文明分呈，为社会学研究提供了校验的素材。西南居西方文化输入最早的地方，是新文化的策源地；又是中国传统文化传播最迟的地方，是固有文化的保留所。西南民族若干文化还保存着原始的特征，又是原始文化的博览会。加强西南研究，必能推动中国社会学的发展。

是年，在《独立时论》第1集（5—10月）上刊载《南洋华侨的教育问题》。

是年，出版《南洋与中国》（岭南大学西南社会经济研究所印行）。在岭大政治学会同学刊行的《纪念鲍令留教授服务岭南四十周年纪念特刊》中，刊载《鲍令留教授服务岭南四十周年纪念感言》，感谢鲍氏参与创建岭大之功。

1949年 47岁

春节期间，为五位子女撰写父母回忆录。

2月20日，《西京日报》再刊载《论留学》。

2月23日，在附中周会上致辞。高二学生梁海鹏记录，发表在3月10日《岭南大学附中校刊》第2期第1版，题为《陈序经校长对本校同学训词——二月二十三日在附中周会讲》。回顾了岭南附中艰苦创业的历史，勉励同学们："岭南乐园在昔日竟是那么的荒凉险僻……想到以前的艰苦环境，而现在已经是比从前进步了好几倍，所以我感觉到目前环境好，不但不能令我们退步，相反的念到从前应该会更令我们奋发。"

2月25日，因公偕同分校视导司徒卫先生经港来澳。分校全体员生开会欢迎。陈致词训勉。下午拜会澳督，对葡政府补助本校经费致谢盛意。是晚，校分会主席陈廷恺、澳校董事会主席刘叙堂及罗校长等，邀请外交专员郭则范、留澳同学、澳校董事及员生等，联席欢宴，情况热烈。席间陈报告大学近况，及将来发展计划，词极详尽。并讲述到澳感慨，称道澳校进展迅速，各同学关怀母校，得聆近况，至为欣慰。翌晨，澳门各侨校校长举行欢迎陈校长大会，以期增进校际友谊与联系。

3月11日，《广东日报》第8版发表《伍著〈三水蛋民调查〉序》，简介岭南大学西南社会经济研究所所长伍锐麟先生关于疍民研究的成果。

3月13日，到渝，对重庆《大公报》记者谈：广州的教育情形目前就一般来说比重庆安定些，比方这些日子重庆的教授和教员正为了生活而罢教的事，在广州还没有。但广州教育界苦也是够苦的，因为广州的生活费用比重庆高的太多了。在渝曾访张伯苓长谈。

是月，传海南区行政公署人事已内定，陈序经为教育厅长。

5月2日，赴港开岭南大学董事会议，讨论应变问题。

6月3日，粤省教育厅邀请历任厅长及教育名流许崇清、陈可忠、陈序经等十余人会商当前教育问题，以各校经费，及改善教职员工薪津，暨学生公费诸问题为讨论中心。

6月20日，在岭南大学第卅届授予学位典礼上讲话，要求学生到社会做事，不要像在校那样抱过高理想，应只求尽责做事，继续学问上的修养。

6月，《越南问题》《社会学的起源》两书由岭南大学西南社会经济研究所印行。前书由报刊上历年所发表相关文章汇成，后书系1937年发表在《政治经济学报》上的长文，印成单行本，是岭南大学西南社会经济研究所专刊乙集第二种。

《越南问题》的《自序》写道：

> 这本册里的各篇文章，是我在一九四六年三月间因为到了河内与海防而引起一些的杂感写成的。我那次在河内与海防的时间，虽是很短，然而在短短的两周中，我看了那些地方完全由中国的军队与政府人员去管理，后来又完全交与法国的军队与政府人员去统治。同时，又看新兴的越南政府，也正在推动其独立自主的运动。这是最近的中越法的关系中最重要的一幕，也是今后的中法越，而尤其是后两者的新关系、新局势与新问题的开始。
>
> 我是站在一个中国人的立场而说话，也许是站在一个情感较富的中国人的立场而说话。然而我既不希望我们的军队去长久占领越南人的地方，我也不希望法国的军队去长久统治越南人的国家。站在这个立场来说话，我也可以说是说了中立者所说的话。假使法国的朋友们觉得我在这里所说的话有点过火，那不过是因为他们是站在侵略者而作的批评罢了。

《越南问题》描述、回顾了越南华侨的历史与东南亚各国出现的排华情形、中越的民族关系、法国侵入越南、中法越的关系等内容，对研究那段历史的华侨问题、中越法的关系等问题具有很珍贵的史料价值。

9月10日，在岭南大学校卅八学年度开学典礼上致辞。曰：教育本来是百年大计。一年以来，因为学校行政的调整与校舍的修建，用了不少时间。虽则这种工作是一个大学必具的条件，然而大学的目的既在于寻求知识与发展高深学问，我们希望我们不要当这些条件为目的，而忘记了我们的主要任务。加强我们在学术上的工作，使岭南不只成为国内一个学术中心，且能成为国际上一个学术的中心。

10月，《大学教育论文集》由岭南大学西南社会经济研究所出版。文集汇集此前报刊所发表有关大学教育的文章，并收入未发表的《论留学》一文，是文"写在政府限制学生出国留学最厉害的时候，但是同时也是政府检查图书杂志最厉害的时候，所以始终没有机会拿来发表"。此外，本书附录收入《欢迎参加战时工作的大学学生》《国立西南联合大学六周年纪念感言》《廿年来的南开经济研究所》《悼丁佶先生》四篇文章。

是年，正式接任原校长李应林职位。重组医学院，建立商学院。在国民党实施"抢运学人"计划时，只身北上，力邀、说服一批国内外知名教授如陈寅恪、王力、谢志光、姜立夫等到校任教，岭南大学师资极一时之盛，并动员西南联大毕业生由美国到岭大任教，拒绝岭大迁港。

是年，编《蛋家论文集》，撰"前言"，叙述自己实地调查、研究疍民的过程。

1950年 48岁

7月13日，参加《南方日报》举行的文化教育界座谈会，对如何发动和配合反对美国侵略台湾、朝鲜的运动，广泛交流意见。到会者计有四十二人，会上通过了由广东省文化教育界发表的《反对美帝侵略台湾、朝鲜宣言》。

8月10日，广州市各专科以上学校暑期研究会成立，当选为副主任委员。暑期研究会定于13日在岭南大学开幕，研究时间为三周，以思想方法论、土改政策、高等学校课程改革等为研究中心。

8月，应富伦之请，赴港与美国基金会香雅各会面，商讨美国教员去留、工友住宅建设等。

9月27日，与曾在美国留学人士张奚若、马寅初、钱端升等二十三人致电联合国，呼吁制止美国侵略中国、朝鲜和亚洲其他地区的侵略行为。

10月30日，出席广东省人民政府文教厅召开的各大专院校座谈会，出席会议的中南教育部部长潘梓年对各大专院校教育厅行政方面提出两点意见：（一）各校应重视政治课；（二）应提倡研究风气，加强研究工作。出席座谈的各校长、教授先后对各校现状及教学问题做了简略报告。

11月27日，中国人民保卫世界和平反对美国侵略委员会广州分会成立，被推选为分会委员。

12月13日，作为岭南大学校长，与岭南大学校务委员会的委员一起发表宣言，抗议美国驻联大安理会代表奥斯汀污蔑岭南大学。奥斯汀在11月28日安理会讨论"控诉武装侵略台湾案"的会议上，发表了荒谬演说。其中有一段讲话提到，"中国全部大学毕业生中，有八分之一曾在美国基督教新教传教会建立的十三所大学中的一个大学或者一个以上的大学中受过教育"。在这十三所大学中提到了岭南大学。岭南大学认为这对他们是一种侮辱与诽谤。因此对奥斯汀的污蔑提出严重抗议，同时号召全校师生员工坚决抗美援朝、保家卫国，来答复敌人的侮辱和诽谤。

12月14日，岭南大学全校员生举行控诉美帝大会，痛斥美籍反动教授，到会人数有一千七百人以上。校长陈序经控诉美帝对我国进行的文化与经济侵略后说："岭南大学数十年来和美帝有着深远的历史关系，美帝对岭大是有野心的。我们今天要向美帝来一个总结算。"并当众宣读了校务委员会抗议奥斯汀在安理会上荒谬言论的宣言。

1951年 49岁

1月24日，捷克斯洛伐克文化代表访华团抵达广州东站，陈序经与政府文教机关及各团体、学校代表到站欢迎。

3月，接到美国纽约"中国基督教大学联合托事部"的干事麦茂伦从美国来电报，用"经济上合作"的名义，企图通过金钱继续控制岭南大学。当陈序经校长把该电文内容向大家公开宣布时，全校员生都表示愤怒，一致声明拒绝美帝可耻的津贴。

3月25日，出席苏联对外文化协会广州分会成立茶话会。

5月20日，出席岭南大学校运会开幕式并讲话，指出，在抗美援朝运动中，锻炼体魄，搞好健康的重要性。

5月26日，侨委会为照顾回国华侨青年帮助他们就学，举办第一期华侨青年学习班，26日上午在岭南大学举行开学典礼，到会200余人。陈序经出席并发言，指出新中国对华侨的爱护无微不至，并表示岭大当局愿尽量予侨生们各种便利。

10月28日，陈序经作为中国人民保卫世界和平反对美国侵略委员会广东分会会员，到广州火车站欢迎印度亲善访华团团员卡朗吉等一行五人。

11月14日，广东省政府正式接收岭南大学后，岭大制定了改进草案，加强政治思想学习。校长陈序经在校务委员会上报告了岭南大学思想政治工作的情况："关于政治思想学习。自从举行控诉大会和美帝割断一切关系之后，一年来我校的政治学习已提高一步，并且由于工会的协助，还在不断的提高中。但是这种程度我们觉得是不够的，还要加强，现在国家开展建设，需要大量干部，培养建设人才是我们教育工作者的任务,但要完成和做好为国家培养大批能够全心全意为人民服务的高级人才的巨大任务,首先必须提高我们自己的政治认识和端正我们自己的政治思想才能希望达成任务。最近华北各高等学校的教师于参加土地革命之后,接着又在进行彻底思想改造的自我学习。我们应该积极推动加强和提高我们的政治思想学习,希望大家合力推动这工作。"

1952 年 50 岁

1951 年底至 1952 年下半年,全国开展知识分子自我教育和自我改造运动。

1月25日,广州各高等学校展开思想改造运动。陈序经发表《我对于思想改造运动认识》一文进行自我检讨。

2月2日,香港《大公报》第1张第2版全文刊载陈序经的检讨书《我对于思想改造运动认识》。

5月10日,广东区高等学校节约委员会成立,陈序经为该会会员。

9月9日,陈序经向全校师生员工作自我检讨,各小组在讨论中对陈序经的检讨并不满意。学校又于9月16日召开全校师生员工大会,各院系师生员工代表纷纷向陈序经提意见,直到第三次检讨才勉强通过。

10月25日,广州各高等学校教授们25日下午举行座谈会,互相交换对院系调整工作的意见。座谈会上,各位教授发言十分踊跃,一致认为这是中国教育史上的伟大改革,他们保证把个人利益放在国家利益之后,坚决无条件服从国家分配,搞好这次院系调整工作。陈序经因繁忙未参加,向座谈会提交书面意见:"这次高等学校院系调整是中国有史以来最伟大的学制改革……我愿意无条件的服从组织分配。"

11月,华南唯一的综合大学中山大学已经调整就绪,定24日开学。中山大学是经过调整院系以后,由前中山大学、岭南大学、华南联合大学、广东法商学院等四间大学的文、理、法、商学院各系合并改组而成的一所新型大学。在学校行政人选未正式确定以前,中山大学行政工作仍由筹备委员会领导进行。筹备委员会主任为许崇清(前中大校长)、副主任委员为冯乃超(前中大副校长)和陈序经(前岭大校长)。

1953 年 51 岁

3月26日,中山大学一九五二年度上学期期终教学总结工作于是日完成,下午全校师生举行闭幕大会。闭幕大会由中山大学筹备委员会主任委员许崇清主持,筹委会副主任委员陈序经发表意见说:"我们这次总结,肯定了我们这一学期的成绩,从这个胜利的基础上,再来发挥我们的潜在力量,我们深信,下学期在教学上,一定能得到更多的成绩。"

1954 年 52 岁

是年，任中山大学历史系教授，筹建中山大学东南亚研究室。

3月10日，参加中山大学普选投票，投下第一票。

6月7日—9月15日，在近百天的时间内完成40万字的书稿《中国与西域——中国、匈奴与西域》。内容分为四部分：第一部分关于西域名词与意义的解释、历史的背景、地理的环境、交通的概况、人种的异同与文化的传统。第二部分说明匈奴的起源，以及它与中国的关系的历史的演进。第三部分叙述西域各国的概况，而着重于其与中国的关系，以及中国史籍对于这些国家的记载。第四部分指出中国之于西域与匈奴之于西域的关系，以至西域诸国的互相关系，及由此而引起的政治、地理的变化，以及文化的交流与互相影响。

是年开始，以主要精力从事东南亚古史和少数民族史研究。并开设了"东南亚古史"课程。

1955 年 53 岁

1月29日，出席中国人民政治协商会议第一届广东省委员会第一次全体会议。当选为中国人民政治协商会议第一届广东省委员会常务委员。

6月3—16日，作为中国人民政治协商会议第一届广东省委员会常务委员，会同全国人民代表大会代表黄长水、雷洁琼等到粤西区农村视察访问。代表们3日抵台山，9日往电白、湛江，16日离开台山返广州。代表们特别注意侨乡的建设，归侨侨眷的生活。

10月27日—11月22日，与广东省第一届代表大会代表及中国人民政治协商会议广东省委员会委员四十人，到省内各地视察。经过二十多天，代表们深入粤东、粤中、粤西、粤北、海南和钦州专区视察省内各地农业合作化、粮食"三定"（定产、定购、定销）后的情况、农业生产等工作。各视察小组的代表们结束了视察工作回穗后，于11月22、23日进行汇报。

陈序经作为全国政协委员与广东省人民代表大会代表到海南视察。自10月29日至11月16日，视察了琼山、文昌、澄迈三个县十一个区、二十个乡、九个农业社、二个农场。视察的情况主要为：农业生产、粮食"三定"、生产救灾、水利问题、生产合作社的基本情况、华侨问题等。于11月23日提交了工作报告，对以上各方面问题提出了意见和体会。

1956 年 54 岁

1月20日，从广州乘车赴京，出席定于25日举行的中国人民政治协商会议第二届全国委员会。

评为一级教授,任中山大学副校长。全国政协第二届委员(后连任至第四届)、广东省政协第一届常委(后连任至第三届)。

是年,完成自1954年开始撰写的《匈奴史稿》(原稿80万字,共10册,后由南开大学组织专人整理成34万余字,天津古籍出版社1989年出版),是书后来仅第一册很少部分内容略有增改,并于1964年11月写一序言,交代自己研究匈奴史的来龙去脉,并声明这部稿子并不准备发表,"这是一种业余消遣的随笔……就留给我的孩子们当为一种留念"。

7月,担任广东省高等学校教授、专家暑期参观团团长,带团到武汉、京津、东北、沪杭一带参观。17日从广州乘专车出发,沿途经过12个省份,访问了12个城市。

9月8日,广东省华侨事务委员会邀请了三十多位在广州市的华侨高级知识分子及新近归国留学生举行座谈会,座谈海外侨胞和高级知识分子回国参加社会主义建设问题。应邀出席的陈序经发言说:"在东南亚的华侨中有不少是高级知识分子,有很多在大专学校毕业后,学非所用,争取他们回来,对祖国的建设是有很大作用的。"

9月,在广州《南方日报》发表《参观后感(广东省高等学校教授、专家暑期参观团)》,赞美祖国伟大的社会主义工、农业建设,高等学校与研究机关的发展,以及祖国的名胜古迹,为祖国的社会主义的伟大建设所感动。

10月17日,在《侨务报》创刊号上发表《谈谈华侨的历史及其与当地人民的友好关系》,指出华侨不只足迹遍五洲,而且他们移居海外的也有很久的历史。文章叙述了华侨出国的原因和出国的艰辛,"一部华侨史,也可以说是一部华侨血泪史"。"二千多年来,海外侨胞的死于自然灾害与帝国主义者,虽不胜其数,可是在东南亚的华侨人口,还是与日俱增,生活逐渐安定,原因虽多,可是当地人民和华侨的友好往来,是主要因素之一。"东南亚华侨和当地人民的友好关系也曾受到帝国主义在侵略东南亚各国后的挑拨离间的影响,"但在东南亚各国取得完全独立之后,他们自己固不再受帝国主义者的压迫、剥削与残害,对于东南亚各国的人民与华侨的关系来说,也少了这个挑拨离间的主动者,使数百年来受了中伤的友好关系,得到恢复"。

11月16日,由国务院任命为中山大学副校长。

12月9日,全国人民代表、全国政协委员广东视察组邀请广州市的五个高等院校负责人座谈有关华南的高等教育问题,陈序经应邀参加。

1957年 55岁

2月16日,中国人民政治协商会议广东省委员会举行常务委员会扩大会议,通过地方工作组组长、副组长名单。陈序经为文教卫生组组长。

2月21日，前往北京出席中国人民政治协商会议第二届第三次全国会议。

3月14日，《华南水上居民需要特别加以照顾》发表于《人民日报》第2版。呼吁政府设立专门机构，处理疍民问题，"使他们的经济与文化的生活，能得到全面与特殊的照顾，逐渐消灭其落后的现象"。

3月31日，回族、满族一百人参观中山大学，陈序经作为副校长负责接待。

5月12日，广东省省长兼政协主席陶铸在省政协第一届第三次全体会议闭幕会上做总结发言，主张广东办一个华侨大学。他说：现在有了华侨小学、华侨中学、华侨大厦、华侨新村，就缺少华侨大学。办起来地点可以在白鹤洞，可以请陈序经当校长。他说："如有热心教育的同志筹备起来，我认捐两个月薪水。"如此，华侨和港澳学生升学问题可以得到解决。

6月14日，《我的几点意见》发表于《南方日报》第3版。针对当时高校党员干部在管理高校中存在的问题，具体提出了三点意见：（一）许多在高等学校工作的党员同志们，对一切大小事情，不加区别，都当为政治任务来看待；（二）许多党员同志，只有主观主义的政治观点，而缺乏法制的观点；（三）许多党员同志对于办理高等教育缺乏经验，而把他们熟悉的一套搞政治运动的经验，硬套到高等学校上去。

9月12日，根据广东省政协第二十五次常务委员会的决议，华侨大学筹备委员会成立。陶铸任筹委会主任委员，王匡、王源兴、王宽诚、朱光、杜国庠、何贤、陈汝棠、陈序经、郭棣活、黄洁、蚁美厚、饶彰风12人为副主任委员，委员共37人，包括有关部门的负责人、港澳地区和内地热心华侨教育事业的知名人士。

10月14日，新建的内蒙古大学在呼和浩特正式开学并举行隆重的开学典礼。中山大学副校长陈序经到场祝贺并发表讲话。

11月10日，华侨大学筹备委员会筹备小组扩大会议在广州华侨大厦举行。出席会议的有饶彰风、萧隽英、罗理实、陈序经、王源兴、蚁美厚、黄洁等17人，会议由中共广东省委统战部饶彰风部长主持，会议讨论了学校名称、办学经费等具体问题。

12月8日，在香港《大公报》上发表《广东高等教育的展望》。文章回顾了解放以后的八年中广东高等教育发生的根本变化，指出学校数量有了增加，学生人数增加了，质量也提高了，校舍、图书仪器和其他教学设备，以至师资各方面的增加，尤为显著。此外，与高等教育有关的各种研究机构也逐渐成立了。"回顾过去，在短短的数年中，广东的高等教育既有了飞跃的进步，展望将来，我们相信，其发展的前途更是无限光明的。"

12月28日，《中山大学整改工作简报》第37期，记录了大字报上对高教部及学校行政领导工作的意见。内有数条涉及陈序经。

是年兼任暨南大学筹备委员会副主任。

1958 年 56 岁

3 月，暨南大学在广州筹办，陶铸为筹备委员会主任委员，陈序经为副主任委员之一。这所大学原定名为华侨大学，是广东省政协委员会在 1957 年倡议开办的。广东省人民委员会接受这个建议，并向中央有关部门报告。国务院同意筹办，并提出这所大学可沿用暨南大学的名字。考虑到原在上海的国立暨南大学是一所具有悠久历史和光荣传统的华侨高等学府，在海外华侨中具有广泛深远的影响，1958 年 2 月举行的广东省政协第二十八次常务委员会采纳了国务院及有关部门的建议，决定仍定名为暨南大学，并将华侨大学筹备委员会改为暨南大学筹备委员会。

5 月，在《中山大学学报（社会科学版）》第 2 期上发表《猛族诸国初考》。作者把能找出的中国所记载的有关这个猛族国家的史料加以整理，再结合关于这个问题的外国史料作为补充，写成这篇《猛族诸国初考》。论文分为绪论、林阳、投和、罗斛、女王、得楞等七部分。绪论中略述了猛（Mon）人国或猛族国的历史、地理、宗教影响、中国人之认识这个国家的起始年代及猛的得名、猛人最早建立的国家等内容，文章利用历史文献对林阳、投和、罗斛、女王、得楞等猛族诸国进行了初步的研究。

5 月 31 日，在《理论与实践》第 1 期上发表《我对于厚今薄古的一点体会》。文章是根据中共中央宣传部副部长陈伯达在国务院科学规划委员会第五次会议上所作的关于"厚今薄古，边干边学"的讲话精神，谈个人对于厚今薄古这个问题的一点体会，认为"在社会主义建设的大跃进的高潮中，我们必须决心改正厚古薄今的缺点，朝着厚今薄古的方向，使哲学社会科学大步跃进"。文章最后指出："应该指出，厚今薄古并不是说对于古代的东西，不必研究。古代是可以研究的。可是研究古代，并不是为古代而研究古代，而是为现代而研究古代。这就是说，我们要用我们古代的遗产为现代服务。这样，就不会脱离实际，这样，才能结合社会主义的现实政治生活，来讲授和研究哲学社会科学。"

8 月 26 日，香港英国当局强行封闭中华中学，殴伤师生和新闻记者。中山大学一千多师生集会并举行示威游行，严正抗议香港英国当局的横蛮暴行。在抗议大会上，副校长陈序经愤怒地谴责香港英国当局的野蛮行径，指出"英帝国主义这种摧残中国人民教育事业的横蛮行为，是对我们全国六亿人民的挑衅，这是我们绝对不能容忍的，我们要向香港英国当局提出最严重的抗议"。

9 月 24 日，为适应学校继续发展的需要，暨南大学成立基建委员会，由朱光市长任主任委员，陈序经与王越、杜国庠等 13 人任副主任委员。

1959 年 57 岁

1 月 1 日，在香港《大公报》上发表《一九五八年的广东高等教育》。指出

1958年这一年，是广东省高等教育事业发展得最快的一年。高等院校在数量上增加到约50所，比起1952年院校调整后的初期，增加了差不多十倍。这包括增加了一所华侨子弟学校、综合性大学——暨南大学，增设了不少工、农、师范学院，大力解决师资、生源、校舍、设备等问题。高校增多后，为解决学生的来源问题，广东省政府除增设好多中学外，各专区、各县以至各乡都增设了好多中学、小学，普及基础教育为期不远。

4月11日，政协第二届全国委员会常务委员会第五十四次会议通过，当选第三届中国人民政治协商会议全国委员，教育界委员代表。

4月17日至4月29日，参加全国政协第三届第一次会议。

12月28日，在香港《大公报》上发表《不能让日本南进历史重演》。日本所谓南进，就是南侵，就是向南洋侵略。日本妄想囊括我国的华南，以及东南亚、南洋各地由来已久。南侵的方式很多，包括了经济、军事以及教育、宗教各方面。而最重要的，还是经济的侵略与军事的侵略。经济侵略是军事侵略的先奏。经济的侵略是向南洋倾销日本货物与掠夺这个地区的资源，因而提倡所谓"农业南洋，工业日本"。在经济上与军事上占有重要地位的新加坡，被改为"昭南岛"，这都说明了日本军国主义企图长期占领南洋的狼子野心。解放以后，祖国强大了，中国人民决不容许军国主义重演其侵略中国的历史——无论是经济侵略也好，军事侵略也好。可是日本对于侵略南洋的野心，愈益迫切，步步加紧，而历史事实证明，伴随着经济侵略以俱来的终将是军事侵略，如果东南亚人民不警惕日本军国主义的野心，则日本"南进"的历史也不是不可能重演的。

1960年 58岁

1月1日，在香港《大公报》上发表《一九六零年新年感言》。陈序经从自己的所见所闻，赞美解放以后的十年来我们祖国在共产党领导下进行的社会主义建设事业，不只是年年新，而且是月月新；不只是月月新，而且是日日新。解放以后作者在国内也跑了很多地方。不仅看到广州文德路这个购买旧书古董的地方，整个街道的面貌完全改变了，而且从百灵庙之北，以至海南的榆林、三亚，从东北三省至东南的福建厦门，虽然有不少地方也是旧地重游，可是景物也变新了。祖国各地交通发达，一座座高楼平地而起，不禁感叹：1960年是我国进入第二个五年计划的第三年，我们祖国的社会主义建设在这一年将取得更大的跃进。

2月5日，四艘前往印度尼西亚接运华侨回国的轮船在黄埔港准备出发。中华人民共和国接待和安置归国华侨委员会驻广州办公室举行欢送会，陈序经出席。

3月29日至4月11日，出席在北京召开的全国政协第三届第二次会议，作为教育界代表委员，在会上做了关于归国侨生的教育问题专题发言。

4月10日，《人民日报》发表《关于归国侨生的教育问题——陈序经委员的发言》。当时东南亚的一些国家中，由于少数反动分子与帝国主义者，特别是美帝国主义者的挑拨离间，掀起一股反华排华的逆流。这种逆流，在印度尼西亚，仍在发展中，回国的侨胞与侨生，特别的多。归国侨生的教育问题，成为一个特殊而急需解决的问题。陈序经把他所了解的侨生的一些情况，一些问题，从生活习惯、文化业务学习、政治学习三个方面，向各位委员做了简略的汇报。

4月24日，在香港《大公报》发表《三门峡》。赞美祖国建设三门峡枢纽工程的伟大壮举。"三门峡枢纽工程，开始于一九五七年四月。照原定计划，应该是一九六二年十月，大堤才能基本竣工。但是经过一九五八年与一九五九年的跃进而又跃进，预计今年（一九六〇）就将完成这个任务。这就是说，这个工程将较原计划时间提前。"三门峡水利枢纽工程完成之后，将起到除灾、灌溉、航运、发电的作用。这项工程宏伟浩大，标志着我国人民在中国共产党领导之下，"使高山低头，使河水让路"，征服自然的英雄气概。"今日的三门峡，与我廿多年前所看的三门峡，已大大改变了面貌，明日的三门峡，将是一个人间乐园。"

11月，在广东省政协常委会会议上发言，谈他对于《教育部直属高等学校暂行工作条例（草案）》的一些体会。解放以后，我国高等教育有极显著的进步。在党的正确领导之下，负责同志们贯彻执行党的教育方针，建立了我国社会主义的高等教育的根本制度。同时，高等学校中的师生的政治面貌，也起了很大的变化。在业务方面，同样有很多显著的提高。提高质量，是目前最迫切与最根本的问题。中央教育部颁布的《教育部直属高等学校暂行工作条例（草案）》六十条，对于提高高等教育的质量，特别加以强调。提高教学质量，首先要注重加强基础理论和基本知识课程。基础课程的训练，高等学校固要重视，在中等学校里，更须注意，因为中学学生的质量，直接影响到大学生的质量。在重视基础理论与基本知识的同时，我们应该强调掌握文字工具的重要性。所谓掌握文字工具，首先是要求通晓我们自己的文字。此外，一个高等学校的毕业生，如果不懂一两种外国文，在毕业之后，要做教学或科学研究工作，就很困难。

12月22日，出席中国人民政治协商会议广东省第二届委员会第三次会议，并发言。

12月26日，香港《大公报》发表《陈序经谈湛江专区新面貌》。这是作者在同年11月间，参加省人委与省政协所组织的参观视察组到湛江专区，体会到湛江专区的面貌，这数年来，尤其是1958年"大跃进"以后，不只是年年变，而是月月变，日日变；而且这个变不是小变，而是大变。湛江专区解放后，在工业、港口建设、种植业、养殖业的发展、大学教育、水陆空交通，以及衣食住情形等都有进步。"这也就是说在党的正确领导之下，伟大的社会主义建设，已取得很大的成就,人民的生活,也得到很大的改善。""看了湛江专区各方面的飞跃发展,使我受到很好的社会主义的教育。我希望还能有机会常常到湛江,因为这是思想改造的实验室,对我个人的思想改造,有了很大的作用。"

1962 年 60 岁

3月23日至4月18日,参加全国政协第三届第三次会议,并做了关于高等教育问题的专题发言。

6月,《扶南的地理条件和对外贸易》发表于《学术研究》第6期。在东南亚各国中,柬埔寨是一个具有悠久历史和光荣的文化传统的国家。要研究柬埔寨的古代历史,就应该研究我国史籍上所称的真腊的历史和更古的扶南的历史。本文着重从中国文献记载中来考察扶南的地理位置和对外交通问题,分三部分进行论述:扶南的地理、扶南的物产、扶南的对外交通和贸易。

8月,《骠国考》发表于《中山大学学报(社会科学版)》第4期。从中国历史文献记载中考察了骠国的名称、历史、疆域与邻国、种族、方物与音乐、佛俗与建筑。

10月间,陪同广东省高等教育局李又华副局长赴海南师专了解工作,就如何办好海师专的有关问题与师专负责人和海南区党委负责同志交换了意见,形成了《广东省高等教育局关于海南师专若干问题的初步意见》(62高教字第118号):海南师专是广东省经调整后保留下来的唯一的师范专科学校。几年来该校各方面的工作,基本上是正常的、稳定的,取得了一定的成绩,初步贯彻了党的教育方针,以教学为主,基本上稳定了教学秩序,已培养了一批师资(大部分分配到海南区)。另一方面,在校舍、师资、设备方面,还须大力充实。对学校本身来说,应大力加强对教学工作的指导,认真抓好总务工作,做好政治思想工作。《意见》还就海南师专解决校址,以及专业设置、学制、规模、培养任务和学生来源、图书仪器设备、充实师资等根本性的问题,提出了解决方案。对海南师专图书馆的图书资源建设给出了具体的意见,提出要把海南师专图书馆建成海南区最大的图书馆。

1963 年 61 岁

1月,就任暨南大学校长。

秋,利用自己的影响力,据理力争将海南师专保留下来。

是年,在广东省政协第二届常委会会议上发言,谈解放后的高等教育,特别是广东的高等教育的情况:解放以后,我国高等教育,有极飞跃的发展,在党的正确领导之下,建立了我国的社会主义的高等教育的根本制度,高等学校中师生的政治面貌起了很大的变化,业务方面有显著的提高。解放后的广东高等教育与全国其他各处一样，发展得很快。解放初期，院校调整后有五六所高等学校，有一个时期增加到约五十所。这数年来，经过一再调整，现在还有十九所。充分肯定解放后广东省高等教育的成绩，也指出在基建、设备、师资方面存在不少的问题。

是年，"东南亚古史研究"七种由香港大公报社社长费彝民和同乡挚友黄坚资助在香港出版，仅印少量分赠友好，未公开发行。自1954年至1962年，陈序经主要精力用于整理、研究东南亚古史，计划编写八种，至1963年仅《越南史料初辑》尚未整理好。整理好的七种为：《东南亚古史初论》《扶南史初探》《猛族诸国初考》《林邑史初编》《掸泰古史初稿》《藏缅古国初释》《马来南海古史初述》，共90余万字。后上述七种加上《越南史料初辑》被编为《陈序经东南亚古史研究合集》上、下卷，在1992年由香港、台湾商务印书馆和深圳海天出版社出版。

1964年 62岁

5月，与中山大学历史系梁方仲教授等赴海南岛考察。

6月5日，被国务院任命为南开大学副校长。

夏，到西双版纳、芒市访问与调查，得云南大学江应樑教授陪同考察。

8月，全家到从化温泉度假。

11月，《有关岭大与钟荣光的几点回忆》发表于《广州文史资料》第13辑。文章叙述了岭南大学的历史、办学理念、教学方法和特点，说明了岭南大学为什么要聘请钟荣光当校长，以及钟荣光的办学思想及其特点。介绍了钟荣光与岭南的关系，及其与美帝国主义者的斗争的经过，最后指出岭南大学是美帝国主义者侵略中国文化的一个大本营，岭南大学的历史也就是美帝国主义者侵略中国文化历史。

1965年 63岁

12月，完成7万余言的《泐史漫笔——西双版纳历史释补》（中山大学出版社1994年出版）。陈序经将记载西双版纳历史的《泐史》《车里宣慰世系》《〈车里宣慰世系〉考订》三部书，与《明史》《元史》等史书、史料多次比读，发现其中所记载的一些史实可与东南亚一些国家如老挝、缅甸、暹罗的史料，互相参订，"同时又发现其矛盾与错误很多"，因此一方面补充材料，一方面加入自己的意见，将《泐史》重编为上、下卷，一一做详细的补充、考订与解释。

1966年 64岁

春，完成4万余字的《珠崖篇——思乡随笔》（长征出版社2007年版），梳理海南岛种种名称的来源与海南的历史，介绍海南岛的地理与物产，叙述岛内各民族的发展及岛内各方面的发展现状，追溯海南岛在东南亚各地侨胞的历史与特点。此书寄寓陈序经浓厚的思乡情怀："我年小赴叻，长而求学，离乡四十载，虽学无长进，但去乡愈久愈远而思乡之情愈为殷切，近十年来回乡数次，此情更易滋长，岂年纪愈深而愈增益之耶？因略将其所能记忆之印象草为《珠崖篇》，以为留念焉。"

春夏之交，编写完成8万余字的《母系社会与阿注关系》，共12篇43章。是稿根据已刊行的《云南省宁蒗彝族自治县的永宁纳西族社会及其母权的调查报告》第一册的内容，重新编排整理。在绪言中，对于永宁纳西族的母系家庭与其阿注关系的婚姻形式的重要性与过去的欧美学者对于母系宗族与婚姻制度的研究，也做了叙述。在第一编中，补充摘录我国与其他各国各地的有关母系宗族及其婚姻形式的材料，以便与永宁纳西族的母系宗族与阿注关系的婚姻制度比较参考。第二编中，把材料中的有关地理、历史、背景、民族、语言、风俗，立为专章。

是年，编成17万余字的《早期文化的遗痕——云南少数民族的原始遗痕》，是稿将云南有关一些民族的原始社会的遗痕的材料摘录整理，将有关几个少数民族的调查报告、简史简志合编中的材料分为三大类：一为物质文化的留痕，二为母系家庭的遗俗，三为社会风俗的残余，在每个大类之下又分为细节，而不是以每个民族为纲，合为一册。目的是把几个少数民族，如独龙、怒族、傈僳、佤族、哈尼等的有关物质生活、社会组织或精神文化摘录放在一块，使读者在看到独龙的农业生产或母系社会的遗俗时，在同处也可以看到其他少数民族如怒族、傈僳族等的农业生产或母系社会的遗俗。"使有兴趣于这方面的问题的人，不必把历史研究所出版的好多单本调查报告或简史简志合编逐本检查，而却能在这本材料摘录中对于某个问题可以看到各个民族的有关材料编在一块，从而可以得到一个比较综合的概念。"

大概也是在这一年，又编成12万余字的《云南少数民族地区文献选录——少数民族与文化交流》。是稿分三编，前二编从各种史籍中摘录滇国、昆明、哀牢、两爨、南诏、大理等六个地区的史料，并加以考析。第三编叙述云南的少数民族地区之于中原与外国的交通情况，从历史上说明这里的少数民族所受汉族或其他外族的文化的影响，从文化的各方面去解释这些少数民族所受汉族或其他外族文化的影响。前者是从文化的纵的或时间上的看法，后者是从文化的横的或内容的看法。

上述三稿与1965年完成的《渤史漫笔》汇为一体，陈序经总命名为《云南少数民族文献选录》，共45万余字。内容包括第一编《渤史释补》（即《渤史漫笔》），第二编《母系社会与阿注关系》，第三编《早期文化的遗痕》，第四编《少数民族与文化交流》。

12月,"文化大革命"期间被抄家,专案审查,生活极为困难。

1967年 65岁

2月16日,因心脏病突发离世。1979年被"平反",并被誉为热爱祖国的著名优秀的教育家,在社会学、历史学、文化学等学科贡献卓著的学者,东南亚与华侨问题专家。

照片选辑

1915—1931 年南洋、国内求学，出国留学

新加坡学习期间（1915—1919）

1917 年，摄于新加坡育英学校

1918 年，与符君合影

1919 年夏,摄于新加坡

广州岭南大学附属中学学习期间（1920—1922）

1920 年，与华景禧合影于海口

1921 年春，摄于广州

20世纪20年代,就读于岭南大学附中时在其居住的第三寄宿舍三楼留影

1921年留影

1922年春,岭南大学附中《全社》学报编辑部部分社员合影于广州(左起陈序经、曾神赐、邝金良、吴宝光、容启荣、朱藉福、唐兆狮)

1922年春,岭南大学附中《全社》学报编辑部全体成员合影(站立第二排右八为陈序经)

上海学习期间（1922—1925）

1922 年夏，摄于上海

1923 年，摄于上海

1923 年夏，摄于香江公园

1923 年夏，与雪梅等合影于沪滨

1923 年 12 月，摄于上海

1923 年冬，送别张德绪，众人合影

1924 年 5 月，摄于上海

1924 年冬，摄于复旦大学寄宿舍

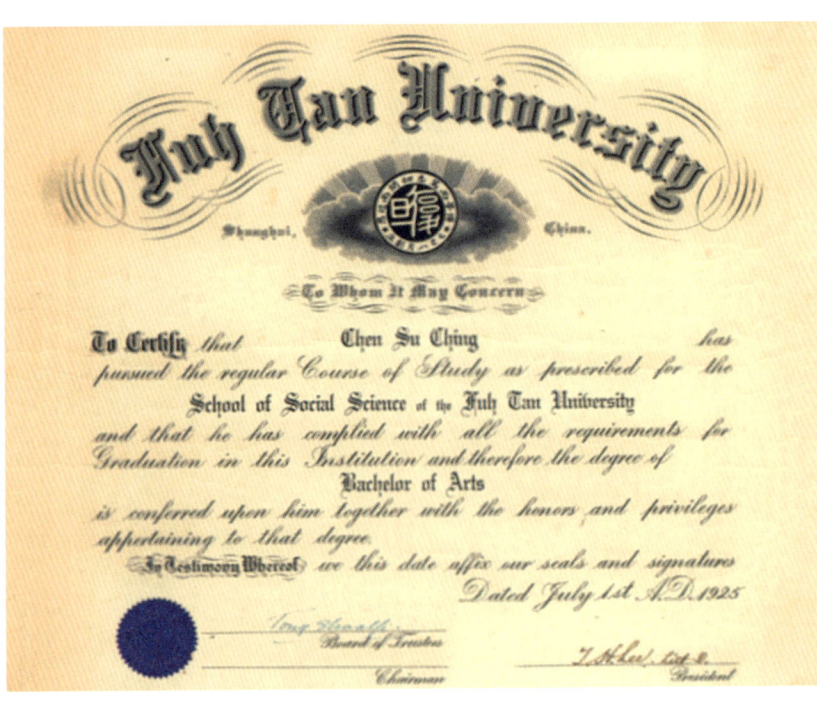

1925年，陈序经获复旦大学学士学位证书

1925年夏，沪滨叙别（前排右起符泽□、林仲川、符华民，二排右起□傅侄、林基、陈序经）

1925年夏，与叶仲恺合影于上海

1925年，旅沪新加坡华侨中学同学欢送廖南星毕业荣归、陈序经赴美留学纪念

20世纪20年代合影于半淞园

美国伊利诺伊大学学习期间 （1925—1928）

1925年，与新加坡养正学校同班同学杨振先合影于伊利诺伊大学

1927年夏，与留学密歇根大学的复旦同学吴德倍合影

1927年，
摄于欧班那宿舍

1927年，欧班那宿舍内留影

1927年,伊利诺伊大学欧班那宿舍一隅

1927年,在伊利诺伊大学留学时收藏的书籍,照片旁有陈序经题字"愿做穷鬼,勿售此书"

在欧班那的住房

1927年，在美国众人合影

1927年6月，在伊利诺伊大学送别同学

伊利诺伊大学风景之一斑

1928年，在伊利诺伊大学博士毕业留影

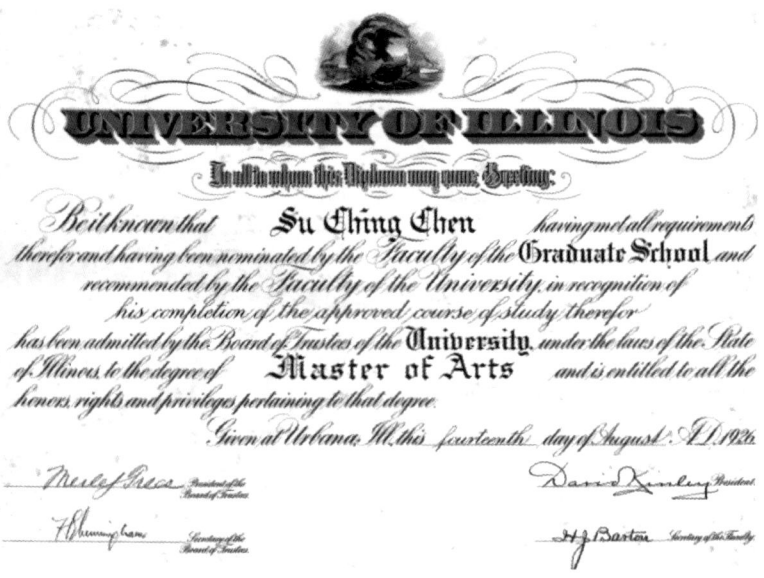

1926 年，陈序经获伊利诺伊大学硕士学位证书

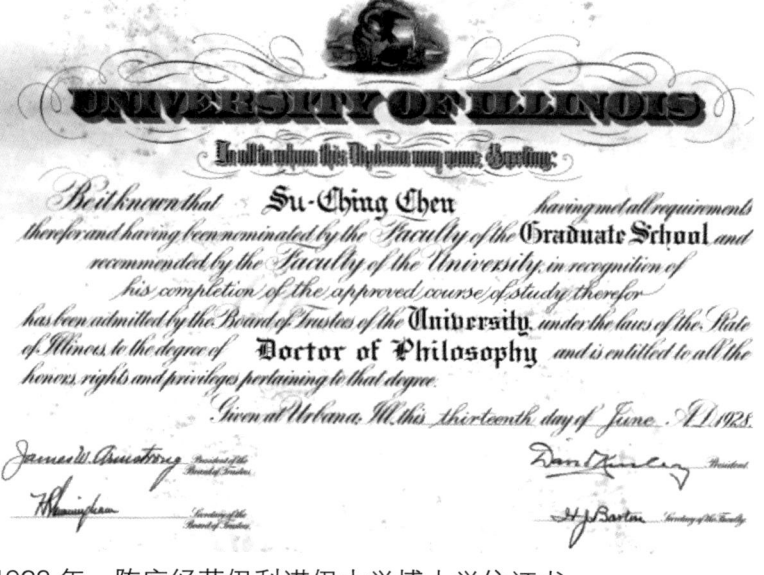

1928 年，陈序经获伊利诺伊大学博士学位证书

德国柏林大学、基尔大学学习研究期间（1929—1931）

1929年8月20日，在新加坡举行婚礼时，陈序经夫妇结婚照（上图后排左一为陈序经父亲陈继美，右五为陈序经，右六为黄素芬，右一为黄素芬大哥黄振权，左五为黄素芬三妹黄素英）

1931年，在基尔大学留学时与夫人合影

1931年，摄于德国基尔

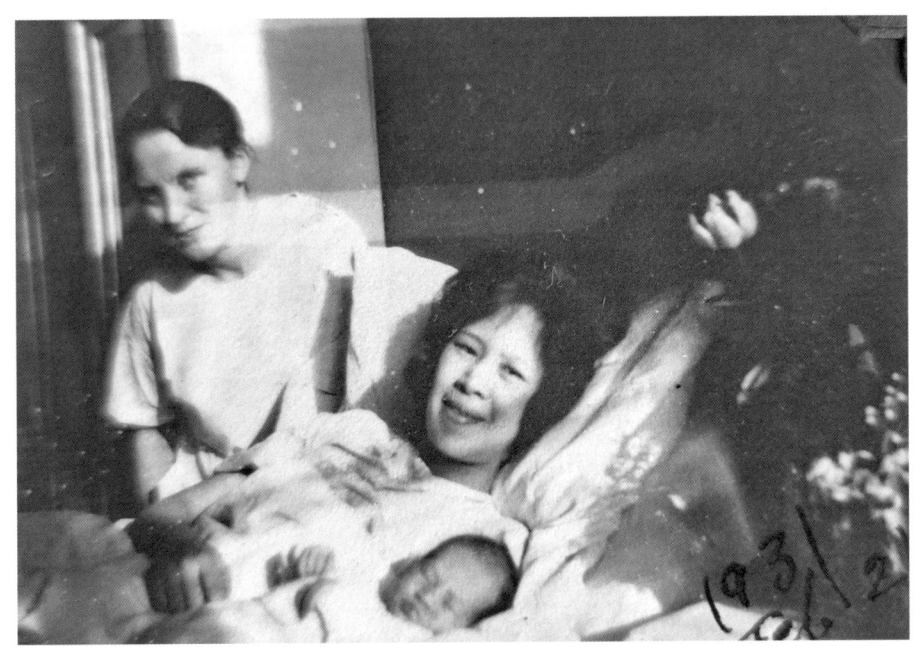

1931年2月21日，长女曼仙在基尔大学医院出生

1931年4月14日回国前夕，在基尔留德同学送别会上留影
（后排左二为陈序经，前右为夫人黄素芬）

1931年，与夫人及同学周冠军夫妇合影于基尔大学

1931 年留学归国至 1952 年全国高校院系调整前

受聘于岭南大学哲学系时期（1931—1934）

1932 年，对陈序经影响深远的父亲陈继美逝世。此为陈继美先生遗像

1933 年，陈序经与柯葆华在泰国合影。柯葆华原是新加坡育英学校教师，后到泰国曼谷任小学校长，他于陈序经在育英学校学习期间任其美术、体育教师

1933年9月,旅暹同志欢迎陈序经到泰国留影（一排右五为陈序经、一排右三为张德绪,张德绪是陈序经在沪江大学化学系的同乡同学）

1933年9月,与柯葆华等合影于曼谷新民学校

受聘于南开大学经济研究所时期（1934—1937）

20世纪30年代，与何廉教授等合影于南开大学

1934年，与夫人黄素芬合影于南开大学住宅前

1936年，陈序经夫妇与家人等合影

抗日战争期间,南开大学南迁时,与丁洪范(右二)、方显庭(右一)合影

抗日战争期间,南开大学南迁时,与丁洪范(右一)、方显庭(左二)、柳无忌(左一)合影

任教西南联大时期 (1938—1946)

1938年经香港转赴云南,在香港青山与方显庭(左一)、林崇桢(左二)、丁佶(左三)合影

1938年，摄于云南蒙自

1938年，与李卓敏合影于蒙自南湖

1942年，与家人及亲戚合影于重庆沙坪坝南开中学柏树新村九号住宅门前

1942年，任西南联大法商学院院长时，同社会学系教师陈达、潘光旦、李景汉等与社会学1942级全体学生合影

1944年春，与西南联大商学系1945级级友合影

1944—1945 年，应美国国务院之邀赴美讲学时留影

1944 年，游美期间与陈受颐（左二）、陈受康、陈受华合影

1945年,与陈受颐(右一)等合影于美国

1945年,游美期间与友人合影

1945年,游美期间与严仁赓夫妇合影

1945年11月28日，与西南联大经济系、商学系教授会同仁合影

抗战结束南开复校时期（1947—1948）

1948 年 4 月，与韩鸿丰等人摄于新加坡

1948 年，赴新加坡调查资料途经马来西亚，与华开基（左一）、柔佛总理（中）合影

1948年秋，陈序经夫妇（左一、左二）与何廉校长（左三）、鲍觉民夫妇、龙吟夫妇合影于南开大学经济研究所前

1948年，与亲友合影于天津南开大学南院
（左起：鲍觉民、滕维藻、陈云仙、陈序经、陈渝仙、黄素芬）

任岭南大学校长时期 (1948—1952)

1948 年夏,与香港岭南大学同学会部分成员合影

1948 年 11 月 8 日,岭南大学附小膳堂动土典礼留影

1948 年全家合照
（前排右起：陈渝仙、陈序经、黄素芬、陈云仙。后排右起：陈曼仙、陈其津、陈穗仙）

1949年3月24日，于岭南大学住宅前合影
（前排为陈序经夫妇，二排右一为王德辉，后排右三为岑家梧）

1949年，陈序经夫妇与张纯明夫妇、吴大业夫妇等合影于岭南大学住宅前

1949年6月13日岭南大学毕业典礼时,1948年度教职员合影

1950年,陈序经家人与美籍教授富伦一家合影于岭南大学

1950年,杜国庠视察岭南大学,陈序经夫妇与参观领导合影于岭南大学(前排右一为杜国庠,右二为陈序经)

任岭南大学校长期间，
于岭南大学留影

1950年代初，陈序经夫妇（左二、左三）与陈耀真夫妇（右一、右二）、端木正夫妇（左一、左四）等合影

1952 年全国高校院系调整后至 1967 年去世

中山大学任职期间（1952—1964）

1956 年 7 月 17 日，任广东省高校教授专家暑期参观团团长时合影

1956 年，在长春考察

20世纪50年代,中山大学思想改造研究班(前排左二为陈序经)

1957年，担任中山大学副校长期间，与陈寅恪（中）、姜立夫（右）在中山纪念堂合影

1957年，与陈寅恪夫妇、姜立夫夫妇合影于中山纪念堂

1958年10月,同家人与苏联专家合影于中山大学(左起:苏联专家、黄素芬、陈穗仙、陈序经)

1958年10月,与苏联地理专家合影于专家屋前门

任中山大学副校长期间,与许崇清校长合影于大钟楼校长办公室

20世纪60年代,与李嘉人、林李明合影

20世纪60年代,于杜国庠墓碑前祭奠时合影

20 世纪 60 年代初，全国政协委员、广东省政协常委标准照

20 世纪 60 年代，陈序经（后右一）与费彝民（后右二）等在佛山祖庙参观时合影

20世纪60年代,中山大学校领导与部分教职工合影
(二排左四为马肖云、二排左五为陈序经,三排左三为李汉章)

1961年2月,与夫人黄素芬、大外孙谭康合影

暨南大学任职期间（1963-1964）

1963年，兼任暨南大学校长期间，与台湾起义归来飞行员徐廷泽在暨大招待所交谈

1963年8月2日，全家合影于广州{前排右起：陈曼仙、陈序经（抱谭庄）、黄素芬（抱谭康）、陈云仙。后排右起：陈穗仙、谭保夏、陈其津、许贻婴、陈渝仙}

1964年，在中山大学家中书房写著《东南亚古史研究》时留影

任南开大学副校长时期（1964–1967）

1964年，与云南大学历史系江应樑在大理蝴蝶池合影（时陈序经于西双版纳调查资料）

20世纪60年代，洱海考察留影

与江应樑等人合影于洱海

1965年8月,南开大学海南籍学生来访时,与家人一起合影于住宅旁

1966年3月10日,与谭康等合影于南开大学湖边

1965年8月10日,子其津、女云仙、婿谭保夏携外孙谭庄及谭康赴天津探望陈序经夫妇时合影

1979年以来对陈序经先生的纪念活动

1979年5月25日,南开大学为陈序经先生举行追悼会

1979年6月26日,广东省政协主持举行陈序经先生骨灰安放仪式

2003年9月9日，为纪念陈序经先生百岁诞辰，海南省文昌市举行陈序经故居挂牌仪式

2003年9月16日,暨南大学为纪念陈序经老校长诞辰100周年召开座谈会

2003年9月16日,纪念陈序经老校长诞辰100周年座谈会后,暨南大学校领导与陈序经家属合影(左起:儿媳许贻婴,五女婿周任,次女陈穗仙,蒋述卓书记,纪宗安副书记,子陈其津,幼女陈渝仙)

2003年9月16日,纪念陈序经老校长诞辰100周年座谈会后,暨南大学校领导与陈序经家属合影

2003年11月8日,南开大学召开纪念陈序经先生诞辰一百周年暨学术研讨会

2004年9月15日,中山大学举行陈序经教授百年诞辰纪念会

2007年12月16日，文昌市政府和海南省文化历史研究会在文昌市举行纪念陈序经先生逝世40周年暨陈序经学术研讨会

2007年12月16日，纪念陈序经先生逝世40周年暨陈序经学术研讨会后，陈序经先生家属合影

2012年11月6日,中山大学在南校区图书馆东侧广场举行陈序经先生故居开放仪式

陈序经先生雕塑
(安放于中山大学岭南堂校史室)

2019年12月21日,《陈序经全集》编纂工作会议在广州举行(前排:中为叶显恩先生、左三陈云仙女士、左二王天琪先生、左一嵇春霞女士、右三王春煜先生、右二刘集林先生、右一赵立彬先生。后排为《全集》编辑部部分成员和出版社代表等)

后　记

刘集林

《陈序经全集》终于在著名学者叶显恩先生的主持下编成出版，回思往事，好事多磨，感慨万千，好在终于有了圆满的结果。

20世纪90年代末，我在做博士学位论文期间，通读了收藏在南开大学图书馆的陈序经先生关于文化学方面的手抄稿，觉得除已出版的《文化学概观》（4册）外，"文化论丛"其余16册约150余万字的内容，作为陈序经文化学体系的重要组成部分，亦颇有出版价值与出版的必要。毕业数年后，征得陈序经先生家属同意，并商之于同门师兄、时任南开大学出版社副总编辑的元青教授，得到其同意出版的大力支持。元师兄还从南开大学图书馆将16册抄稿全部复印与我，让我加快整理。惜种种原因，此事后来不了了之。2017年，我申请的天津市社科项目"陈序经'文化论丛'手稿的整理与研究"获批，遂重新开始认真整理。2018年，在时任南开大学出版社社长刘运峰教授的鼓励与建议下，思谋将手稿的点校整理成果出版，经本人当时所在单位周恩来政府管理学院党委书记王慧老师的多方争取，获得学校出版资助，遂与南开大学出版社签订出版合同。

恰在此时，叶显恩先生主持筹划《陈序经全集》的出版，知我研究陈序经，老先生遂亲自北上天津，与陈序经先生三女儿陈云仙教授和我会面，希望我能加盟《全集》的编纂，共襄盛举。叶先生是我读研时就久仰大名的一代经济史大家，今为出版陈序经著作，耄耋之年，不惜折节相商，我焉能不应。叶先生雷厉风行，很快在广州召集专家、学者，讨论《全集》出版的原则、体例、编辑分工等事宜，并得到中山大学出版社社长王天琪先生的鼎力支持。之后，叶先生又先后在海南、广州召集会议，推进编纂进度。

编纂工作的大致分工是：海南方面负责陈序经已出版著述的整理；我这边负责未出版的手稿整理，并由我统筹安排各卷内容。海南方面，前期由海口经济学院图书馆李明老师等做了不少基础性工作；后期由海南师范大学图书馆陈平殿馆长率杨中曦老师等负责，多方搜集资料，使《全集》内容大为充实。我这里在继续完善、整理"文化论丛"的基础上，又邀秦鹏飞博士等加入，陆续整理南开大学图书馆藏陈序经晚年手稿或抄稿《中国与西域》《云南少数民族文献选录》等，计90多万字。因新冠疫情，整理工作进行稍缓；疫情结束后，在叶先生的督促下，进程加快，由我重新确定《全集》各分卷的具体篇目，且在叶先生的秘书钟季君女士的居间协调下，我们数次召开网络会议，共商整理、编辑体例，解决具体问题。同时，经反复沟通，本人终于获得南开大学出版社党委书记陈敬、副总编辑奚先来等领导的谅解与支持，与南开大学出版社解除先前的出版合同，以便全力推进《全集》的整理出版。屈指算来，从我当初起意整理出版陈序经先生著作，中经种种波折，至今已近二十年矣！

中山大学出版社对《全集》的出版始终高度重视。王天琪社长多次前往海南与叶先生共商出版计划，亦专程到天津与我探讨编辑事宜，明确表达社方全力支持的态度和将《全集》做好做精的决心。嵇春霞副总编辑是出版社的《全集》统筹负责人之一，她多次参与编辑委员会的讨论，并常常就具体问题与笔者交流意见。在正式编辑阶段，为加快进度并保证质量，出版社方面组织了二三十人的编辑阵容，由古籍、社科编辑部主任王延红老师全面负责统筹。她汇集各分卷责任编辑的具体意见，进一步就统一原则、体例，以及各种具体问题、疑惑，不厌其烦地与编者磋商，力求意见统一，减少遗憾。同时，各分卷责编认真、较真、细心，业务能力强，就各卷具体内容均发现了不少问题，使《全集》的质量得到进一步提升。

《全集》的出版始终得到陈序经先生家属的大力支持，在我多方联系出版的过程中，她们始终毫无条件地同意授权出版，并尽力提供帮助。因地域之便，我与陈序经先生的三女儿、天津音乐学院的陈云仙教授结识最早。陈云仙老师对我的研究和相关出版计划，一直全力帮助与配合，先是提供家属所藏的全套陈序经"文化论丛"手稿复印件，后又多次惠赠各种有关陈序经的出版著作，详告陈序经文献收藏、保管的相关信息。陈序经先生的二女儿陈穗仙老师多年来通过微信与笔者频繁互动，提供、补充有关陈序经先生的诸多史实，并多次积极帮助、授权编辑人员去广东省档案馆、中山大学图书馆等单位，查阅、复印陈序经相关文献。陈序经先生的小女儿陈渝仙老师亦热心、及时提供收集到的有关陈序经的资料。陈穗仙老师今年91岁高龄，陈云仙老师85岁高龄，陈渝仙老师亦年近八秩，三位老人对出版陈序经著作始终如一的支持与帮助，以及对笔者的关心与鼓励，令笔者时感温暖在怀。

陈序经著述的收集整理，还得到南开大学图书馆馆长韩召颖教授，南开大学图书馆古籍特藏部主任惠清楼研究员，海南出版社刘逸总编辑，南开大学社会学院王处辉教授、宣朝庆教授，海南师范大学文学院房福贤教授、历史文化学院的张兴吉教授，中山大学图书馆特藏部谢小燕馆员的支持、鼓励与帮助，他们或热心搜集、查阅文献，或托友人从海外复印陈序经手稿，或督促陈序经文献整理工作的进程。此外，广东省档案馆和中山大学图书馆，亦积极配合《全集》的出版，提供了不少珍贵资料。

南开大学社会学院硕士研究生曾云、蒋钰卓、朱云、丁奎元、郝光耀、张羽丰、张邵丰、潘雨、杨晓奇、杨晶晶、倪绮蔓、高路瑶等先后参与了陈序经手稿或抄稿的初步录入工作。海南师范大学历史文化学院硕士研究生杨雪、李敬磊、曹李明、王佳翔、吴昱昊、郭秋露、孙佑祁参与了陈序经已发表文章的部分转录工作。

谨对上述在整理、出版《陈序经全集》过程中提供各种帮助的师友、学生和相关机构，深致谢忱！

陈序经的著述，除手稿外，诸多文章、专著，还专门请人抄录，有的还不止抄录一份，目前手稿或抄稿主要收藏在南开大学图书馆、中山大学图书馆、美国的哈佛燕京学社，以南开大学图书馆的收藏数量为最。《全集》所收录的陈序经生前未出版的著述主要来自上述机构。编辑整理过程中，在可能的情况下，编纂者会相互比对手稿与抄稿，尽可能使内容得到完整呈现。

《全集》之全，乃相对而言。因特殊的时代原因，陈序经部分手稿遗失，已成无法弥补的缺憾，如《中西交通史》、《中国与西域》（共32章，缺11章）等；部分手稿如《全盘西化论》等，这次没有收录；还有一份文献是陈序经专门写给子女的关于父母的回忆录，根据家属的意见，暂时不入《全集》。

陈序经生前已发表、出版的著述，尤其是1949年前的著述，或因时代久远、印刷问题，部分发表在报刊上的文字模糊不清，或因发表时的编校、排印问题，误字、漏字、句意不全者亦所在不少；手稿或抄稿更存在字迹潦草、个性写法、文字疏误等现象。且陈序经先生学贯中西，研究领域广泛，涉及相关中外史料甚多，凡此，均给点校整理工作带来不小难度。因此本书难免存在不足之处，尚祈高明读者不吝赐正，以待未来进一步完善。

2024年10月20日记于南开园寸墨斋